Más allá del domingo

Más allá del domingo

Conversaciones diarias
para hacer discípulos

COMPILADO POR WOODIE J. STEVENS

Casa Nazarena de Publicaciones

Publicado por:
Casa Nazarena de Publicaciones
17001 Prairie Star Parkway
Lenexa, KS 66220 EUA

informacion@editorialcnp.com · www.editorialcnp.com

Título original en inglés:
Beyond Sunday
Por Woodie Stevens
Copyright © 2008
Publicado por Beacon Hill Press of Kansas City
A division of Nazarene Publishing House
Kansas City, Missouri 64109 USA.

This edition published by arrangement
with Nazarene Publishing House
All Rights reserved

Publicado en español con permiso de
Nazarene Publishing House de Kansas City, Missouri 64109 USA.
Copyright © 2010 Todos los derechos reservados.

ISBN 978-1-56344-624-5

Traducción: Ramón A. Sierra y Blanca D. Campos
Diseño de portada: Darlene Filley
Diseño interior: Natanael Picavea

Categoría: Discipulado

Excepto donde se indica, todas las citas bíblicas han sido tomadas de la
Biblia Nueva Versión Internacional, 1999 de Sociedad Bíblica Internacional.

Excepto para breves citas, ninguna parte de este libro puede ser reproducida, almacenada
o transmitida en cualquier forma o por cualquier medio sin la previa autorización escrita de la editorial.

CONTENIDO

Prefacio, Jerry D. Porter — 7

Más allá del pasado: Cumpliendo la misión — 9
Woodie J. Stevens

Haciendo discípulos por medio del liderazgo pastoral — 19
Woodie J. Stevens

Haciendo discípulos por medio de la iglesia local — 27
Cheryl Sherwood con Woodie J. Stevens

Haciendo discípulos por medio de los ministerios entre niños — 33
Lynda Boardman

Haciendo discípulos por medio de los ministerios de jóvenes — 45
Gary Hartke

Haciendo discípulos por medio de los ministerios para la familia — 53
Larry Morris

Haciendo discípulos por medio de sistemas — 65
Larry McKain

Más allá de lo casual: Ser un discípulo semejante a Cristo — 77
Woodie J. Stevens

Más allá de la membresía al discipulado Woodie J. Stevens	81
Más allá de uno mismo para aprender a ser semejante a Cristo Craig Rench	85
Ser antes de hacer John Denney	95
Más allá del iglecrecimiento Woodie J. Stevens	103
Cinco componentes medulares para hacer discípulos semejantes a Cristo Hal Perkins	107
En todas las naciones Erica Ríos	119
Tres corrientes del discipulado Woodie J. Stevens	125
Discípulos discipulando discípulos Woodie J. Stevens	133
Discipulado para toda la vida D. Michael Henderson	139
Conclusión	143

PREFACIO

Somos discípulos de Jesús. "Hacer discípulos semejantes a Cristo en las naciones" es más que la declaración de misión para la Iglesia del Nazareno. ¡Es la motivación que impulsa nuestras vidas! ¡Nuestra pasión es Jesucristo! Jesús es el Maestro y nosotros somos sus discípulos. Cada día estamos aprendiendo de Jesús y estamos siendo transformados a su imagen. De la misma manera que Pedro, Santiago y Juan aprendieron del Señor, nosotros también aprendemos de las mismísimas palabras de nuestro Maestro Rabí, Jesús. Nuestro Señor prometió continuar enseñándonos y moldeándonos cuando dijo: "el Espíritu Santo, a quien el Padre enviará en mi nombre, les enseñará todas las cosas y les hará recordar todo lo que les he dicho" (Juan 14:26).

Somos discípulos de mentores piadosos. Primero y sobre todo, somos discípulos de Jesús. Sin embargo, el misterio del cuerpo de Cristo es que personas de carne y hueso se convierten en ejemplos al enseñarnos, guiarnos y discipularnos. He sido moldeado, inspirado y mentoreado por muchos líderes maravillosos, incluyendo a mis amados padres. En la actualidad, disfruto del consejo sabio y la dirección sabia de un mentor especial en Cristo, el Dr. Don Owens.

Somos discipuladores. ¡Soy bendecido en ser un discípulo de Jesucristo quien está siendo moldeado en mí por mentores maravillosos! Pero necesito ir más allá de ser un discípulo a ser un discipulador. Jesús nos dijo: "Edificaré mi iglesia" (Mateo 16:18). Él nos comisionó a "ir y hacer discípulos" (Mateo 28:19). Muchos de nosotros estamos intentando edificar la iglesia, pero pocos estamos realmente haciendo discípulos. Hacer discípulos semejantes a Cristo es mi misión personal, al igual que la misión fundamental de cada seguidor de Jesús. Le he pedido a 12 hombres que, intencionalmente, sigan a Cristo conmigo. Juntos estamos buscando la semejanza de Cristo al enseñarnos unos a otros, oramos unos por otros y nos rendimos cuentas unos a otros. ¡Es un peregrinaje maravilloso y desafiante!

Somos llamados a ser discípulos que discipulan discipuladores. Tengo el sueño de que cada seguidor de Jesús esté dispuesto a responder a la pregunta: ¿Quién te está discipulando y a quién estás discipulando? ¡Imagínese el impacto global en el Reino cuando todos nosotros hagamos lo que el Señor encomendó! Los 12 hermanos en mi grupo de discipulado han comenzado a pedirles a otros a seguir a Cristo juntamente con ellos. Si yo invierto mi vida en estos 12 hombres durante tres años y ellos hacen lo mismo con 12 más por los tres años siguientes, y sus discípulos hacen lo mismo…Dentro de 10 años, ¡más de 20,000 personas estarán en una relación de discipulado! La base para este tipo de inversión es esto: En última instancia, somos llamados a ser discípulos que discipulan discipuladores. Cada uno de nosotros debe invertir más tiempo con menos personas, quienes a su vez harán lo mismo con sus discípulos. Es el plan de nuestro Señor para alcanzar al mundo.

Le invito a reflexionar e interaccionar con estas conversaciones inspiradoras sobre el discipulado. Luego juntos, vayamos gozosamente y ¡hagamos discípulos semejantes a Cristo en las naciones!

—Jerry D. Porter
Superintendente General, Iglesia del Nazareno

MÁS ALLÁ DEL PASADO: CUMPLIENDO LA MISIÓN

—WOODIE J. STEVENS

Al dejar el Proyecto de SIDA en la prisión de Jimma en Addis Ababa, Etiopía, la doctora misionera Erica Ríos escribió en su diario lo siguiente:

Hoy lloré, reí, broméé, animé y recibí ánimo. Llena de emociones mixtas, mi corazón fue quebrantado al tener los bebés en mis brazos, niños cuyas madres eran prisioneras. Las condiciones eran indescriptibles. Los olores asfixiantes me amordazaron, no podía respirar. Quería vomitar, pero mi malestar no era nada en comparación a los adolescentes que dormían en los dormitorios de los jóvenes sobre el piso sucio. No puedo imaginar el malestar de los adolescentes convictos viviendo entre suciedad perenne. Ellos no tienen futuro, ni esperanza, ni amor, ni padres, ni casa, nada sino la prisión del SIDA.

De regreso a mi hotel, un palacio en comparación al lugar en que acababa de estar, reflexioné. Aquellos pequeñitos absorbieron nuestro cuidado, amor y compasión. Ellos estaban hambrientos por una gota de amor, tan sólo por una caricia. Ellos necesitaban desesperadamente mucho más de lo que yo les podía dar. Observaba como el equipo de Ministerios de Compasión luchaba valientemente contra sus limitaciones. Ellos proveyeron todo el apoyo posible, pero todos nuestros esfuerzos parecían tan pequeños. Sin embargo, sé que nuestro Dios es grande y tiene presente este mundo sufriente.

Un líder en África respondió a mi dolorosa pregunta: "¿Cómo servimos en áreas de incalculables necesidades y recursos ínfimos?

Él respondió: "En África decidimos quién va a vivir y quién va a morir. No podemos sostener a todos los niños. Se nos obliga a priorizar. Sin embargo, uno puede tocar la vida de muchos con el amor de Dios".

Nuestros esfuerzos son tan sólo gotas de agua en un balde. Las necesidades del mundo son tan grandes. Pero, como la Madre Teresa dijo: "sin gotas individuales, el océano no existiera".

Al tomar su vuelo de regreso a los Estados Unidos, Erica oró: *Señor, ayuda a mi iglesia a enfocarse en su misión. Ayúdame hablar tu lenguaje de amor. Ayúdame a ver tu corazón sangrando y a capturar tu sentido de destino. Ayuda a mi iglesia a moverse como el Cuerpo de Cristo en misión, especialmente a favor de los pequeñitos.*

Como médica, Erica Ríos ha entregado su vida a servir y ayudar a otros. Ella ministra a aquellos en gran dolor, sin embargo, no estaba preparada para las palabras perturbadoras del líder africano: "En África decidimos quién va a vivir y quién va a morir".

Para la mayoría de nosotros, sería abrumador ser forzados a tomar esa clase de decisión. Ciertamente Jesús está llamando a su iglesia a ser un ejército compasivo a través de todo el mundo para que pueda vendar al quebrantado, sanar al enfermo, vestir al desnudo y alimentar al hambriento. A lo largo del mundo, nuestra iglesia está haciendo todo lo que puede para ser el amor de Dios en lugares oscuros donde no hay amor. Podemos y debemos estar involucrados en la tarea global de servir a Cristo al servir a los necesitados en nuestro mundo.

Como discípulo de Jesucristo, a lo mejor no pueda ser un misionero en Etiopía o en cualquiera otra parte del mundo, pero sí tiene un campo misionero. Puede ser al lado de su casa, al cruzar la calle o en el pueblo vecino, pero es un campo misionero. Su campo misionero es dondequiera que Dios le ha ubicado. Puede ser residente permanente o quizá tenga una dirección temporal, pero en dondequiera que viva, usted tiene una misión.

La misión de los seguidores de Jesús tiene implicaciones significativas para nuestras vidas diarias. ¿Qué tal si Dios nos ha puesto a cada uno de nosotros donde estamos con el propósito de ser el amor de Jesús a aquellos que nos rodean? ¿Qué tal si las personas con las cuales nos encontramos todos los días son el campo misionero de Dios para nosotros? ¿Qué tal si usted y yo estamos realmente decidiendo quién va a vivir y quién va a morir, espiritualmente?

¿Será eso lo que Jesús quiso decir cuando le dijo a Pedro: "Y a ti te daré las llaves del reino de los cielos; y todo lo que atares en la tierra será atado en los cielos; y todo lo que desatares en la tierra será desatado en los cielos" (Mateo 16:19)?

El hombre detrás del mostrador es un alma que nunca muere. Le hablamos frecuentemente. ¿Son las palabras que decimos palabras de vida o de muerte? ¿Sabe usted si él va a vivir o morir eternamente? Jesús le dijo a sus discípulos que no temieran al que puede matar el cuerpo, pero si, "temed más bien a aquel que puede destruir el alma y el cuerpo en el infierno" (Mateo 10:28).

La nueva declaración de misión de la Iglesia del Nazareno nos habla directamente sobre esta increíble responsabilidad: Hacer discípulos semejantes a Cristo en las naciones. ¿Qué significa eso? ¿Cómo se aplica eso a usted y a mí? ¿Qué tiene de diferente esta declaración? ¿Habrá implicaciones escondidas? ¿Requerirá algo nuevo? ¿Requiere esta declaración maneras frescas de pensar? ¿Qué debemos hacer con una declaración de misión? ¿No será eso lo que venimos haciendo?

Una declaración de misión señala a nuestra razón de ser. Explica lo que estamos intentando hacer. Nos provee parámetros para acciones y prioridades. Capacita a la iglesia alrededor del mundo a enfocar sus energías en un objetivo común, uniendo el ejército de Cristo en la búsqueda de lo que Jesús nos mandó a hacer. Es fundamental.

La misión nos invita a movernos más allá de que "debemos ir a la iglesia y a la Escuela Dominical". Nuestra misión nos está llamando más allá de "Siéntense quietos y sean salvos". El Espíritu nos está impulsando a ir más allá de "escuche la lección, oiga el sermón, cante en el coro y pague sus diezmos".

La misión abre la puerta de liderazgo más allá del pastor y de la junta local de la iglesia. La misión nos mueve más allá de las aulas de escuela dominical. La misión es desatar a los laicos. Es empoderar a cada miembro de la Iglesia del Nazareno para que lleguemos a ser lo que Jesús nos llamó a ser. Nos llama a todos nosotros a la participación activa en la misión común. Cada día, Dios está llamando a su iglesia más allá del domingo.

¿Qué ha cambiado? ¿Quién tiene que adaptarse?

Hacer discípulos no es nada nuevo. No es como si no hubiéramos estado haciendo discípulos, casi cada congregación hace discipulado de alguna manera. Cuando el pastor lee el texto bíblico o un maestro de Escuela Dominical abre la Biblia, se proveen algunos ingredientes de discipulado. El mandato de hacer discípulos no es algo nuevo. De hecho, hacer discípulos es exactamente lo que hemos estado buscando hacer.

El fundamento de nuestra misión no es nuevo. Siempre hemos sido una iglesia de santidad, una iglesia de santidad con una misión. El Espíritu Santo nos sigue impulsando hacia adelante en la búsqueda de cumplir el Gran Mandamiento y la Gran Comisión. Durante los pasados 100 años, los nazarenos han estado haciendo discípulos en las naciones. El hecho de que usted está leyendo esto refleja la realidad que de alguna manera alguien lo influenció a seguir a Cristo. Al acercarnos rápidamente a dos millones de miembros alrededor del mundo, damos gracias a Dios por el avance que nuestra iglesia ha visto en estos 100 años pasados. Nos regocijamos en lo mucho que hemos avanzado desde Pilot Point, y celebramos lo que Dios ha hecho a través de los que nos han precedido. Con la ayuda de Dios, hemos hecho muchas cosas buenas, de la manera correcta y en el tiempo correcto. Toda gratitud y gloria le pertenecen a Él.

Sin embargo, ya no vivimos en el siglo XX. Ya no es 1908. Cien años de cambios increíbles nos imponen la pregunta: "¿Y ahora hacia dónde?" ¿A dónde vamos de aquí? ¿Qué es diferente de lo que siempre hemos hecho? Los principios de discipulado siempre han existido, pero, ¿qué métodos necesitamos adaptar?

¿Recuerda las actividades de apertura? Esos eran los días cuando la asistencia de la Escuela Dominical sobrepasaba por mucho la asistencia al culto de adoración de la mañana. La hermana Evelyn oraba: "Señor, bendice el culto que continúa". ¿El culto que continúa? Ella estaba orando por el culto de adoración de la mañana. La gran pregunta luego de la Escuela Dominical era: "¿Se quedará para el culto de la mañana?"

¿Sabía usted que hasta 1972 no reportábamos la asistencia al culto de adoración en la mañana? Anteriormente solo contábamos la membresía y la asistencia a la Escuela Dominical. No podemos ir a nuestras estadísticas denominacionales y decirles cuál fue el promedio de asistencia al culto de adoración del domingo en la mañana en 1965, pero sí le podemos decir la cantidad de miembros y la asistencia promedio de la Escuela Dominical. Esos eran los números de crecimiento. Eran los fieles los que se quedaban para el culto de adoración y para el sermón.

En aquellos días, la gente estaba en la iglesia cada vez que abrían las puertas. ¿Sabe por qué? Porque eran las únicas puertas abiertas. Eso fue antes de los supermercados de 24 horas y de las tiendas de conveniencias. Eso era cuando las tiendas cerraban a las cinco de la tarde y las calles se vaciaban a las seis de la tarde, excepto los jueves cuando las tiendas abrían hasta las nueve de la noche.

La conformidad social requería la membresía de la iglesia para gozar del estatus de miembro sólido en la comunidad. Lo primero en su currículo era: "Soy miembro de la Primera Iglesia".

¿Recuerda los broches por asistencia perfecta? En esos días, los alumnos regulares sólo faltaban tres domingos en el año. Pero eso fue antes de las autopistas, de los fines de semanas de tres días, y de los centros comerciales. La televisión pública tenía tres canales. Hoy, el alumno que asiste regularmente falta 13 domingos al año. Le digo a los pastores: "Si ellos asisten la mitad del tiempo, regocíjense y considérelos miembros regulares".

Gané mi primer vuelo en avión en un modelo Piper Cub de dos asientos a través de un concurso de Escuela dominical entre los Rojos y los Azules. Nos apretujamos 17 niños en una camioneta Ford "Betsy Blue", modelo 1957. Hoy, mis padres serían arrestados por algo así.

La pregunta es, ¿qué ha cambiado y quiénes son los que se deben adaptar?

La Gran Comisión

Hacer discípulos semejantes a Cristo en las naciones significa desplegar el ejército de nazarenos a cada rincón del globo. Significa conseguir más tropas en tierra, confrontando a su mundo con las demandas de Jesucristo. Significa moverse más allá de la asistencia fiel y el servicio dominical al discipulado de todos los días. Significa que alrededor del mundo cada nazareno tiene una asignación prioritaria: Ser y hacer discípulos semejantes a Cristo.

La Gran Comisión define nuestra tarea. Jesús dio esta tarea poco antes de regresar al Padre. Eugene Peterson expresa las instrucciones de Jesús:

"Vayan y capaciten en este camino a todos los que encuentren en todo lugar…Instrúyanles en la práctica de todo lo que les he mandado. Estaré con ustedes mientras ustedes hagan esto, día a día, hasta lo último de este tiempo" (Mateo 28:19-20).

William Barclay, renombrado teólogo escocés, traduce este mandato de la siguiente manera:

"Deben por lo tanto ir y hacer de las personas de todas las naciones mis discípulos. Deben bautizarlos en el nombre del Padre, del Hijo y del Espíritu Santo y deben enseñarles a obedecer todos los mandatos que les he dado. Y no pasará un solo día en que no estaré con ustedes hasta el fin del tiempo" (Mateo 28:19-20).

Las palabras son directas y personales. Jesús no le está hablando al pastor o al maestro de Escuela Dominical. Él no se está dirigiendo a líderes congregacionales ni a oficiales denominacionales. Él le está hablando directamente a sus seguidores. Si usted está siguiendo a Jesús, entonces por medio de la Palabra viva de Dios y el poder del Espíritu Santo, usted tiene un mandato personal. Esta tarea le es asignada a cada cristiano; es para todo aquel que sigue a Jesús.

En Juan 21, Jesús le dice a Pedro: "Sígueme".

Pedro miró a Juan y le respondió: "Señor, ¿y éste, qué?"

"¿A ti qué?" Jesús le preguntó, "Tú Sígueme" (Juan 21:19-22). Jesús no le dio una opción a Pedro.

Si vamos a seguir a Jesús, necesitamos obedecerle; no hay alternativa. La obediencia en la vida de un discípulo no está sujeta a nuestras preferencias personales. Sin embargo, pareciera que hemos estado haciendo muchas cosas excepto hacer discípulos. Hemos estado yendo a la iglesia. Incluso, hemos ido fielmente a la Escuela Dominical y dado nuestros diezmos, pero la misión va más allá; hacer discípulos cada día, va más allá del domingo.

¿Por cuánto tiempo?

Hasta el fin del tiempo.

¿Cree usted que tenemos miembros de la iglesia que no siguen a Jesús? ¿Hay cristianos que no oran, ni leen o escuchan las Escrituras? ¿Tenemos miembros que no testifican o sirven o dan? ¿Es posible tener cristianos que no son discípulos? Dietrich Bonheoffer dice que: Cristianismo sin discipulado es siempre cristianismo sin Cristo.

No me gustaría escribir esto, pero no hay tal cosa como un cristiano casual. Aquellos que están "en Cristo" no pueden ser casuales respecto a seguir a Jesús. Por ejemplo, alguien quizá dice: "Creo en Jesús pero no necesariamente lo sigo". El problema con ese acercamiento es que aun los demonios creen en Jesús" (Santiago 2:19).

Mucho de nuestro evangelismo moderno parece enseñar que un cristiano es alguien que cree en Jesucristo por fe, recibe el don de la vida eterna, es perdonado de todos sus pecados y al morir va al cielo.

¡Tremendo! ¡Qué buen negocio para mí! ¡Gol! Soy salvo.

Por otro lado, muchos piensan que un discípulo es un cristiano muy bueno. Ellos oran, estudian la Biblia y testifican a sus vecinos, van a la iglesia el domingo y hasta toman clases sobre cómo ser un cristiano fructífero.

Sin embargo, no hay tal cosa como seguir a Jesús casualmente. Usted y yo estamos cumpliendo obedientemente lo que Él nos mandó a hacer, o estamos viviendo en flagrante desobediencia. Jesús siempre insiste que sus discípulos le obedezcan.

Una cultura enfocada en sí misma y narcisista busca el camino más fácil para el beneficio máximo. Tendemos a evitar cualquier cosa que requiera disciplina y obediencia. Por favor, entienda que no hay una distinción bíblica entre un cristiano y un discípulo. No hay dos niveles de seguir a Jesús. O estamos aprendiendo del Maestro y siguiéndole en comunión obediente, o estamos ignorando y resistiendo las instrucciones claras de Jesús.

La declaración de misión podría ser un llamado para que muchos se arrepientan por seguir a Jesús a la distancia. Podría ser una gran oportunidad para que nosotros experimentemos una renovación y unción fresca del Espíritu Santo de Dios.

HACIENDO DISCÍPULOS POR MEDIO DEL LIDERAZGO PASTORAL

—WOODIE J. STEVENS

Es importante reconocer las cosas buenas que hemos estado haciendo. Somos bendecidos por la sabiduría de algunos de los más fieles y devotos siervos de Dios. No estaríamos donde nos encontramos hoy si no estuviéramos sostenidos sobre los hombros de mujeres y hombres valientes que nos han traído hasta aquí.

Permítanme compartirles sobre un fructífero hacedor de discípulos del pasado. Él es uno de los héroes anónimos de Dios. Soñaba con ser abogado algún día. Se veía a sí mismo elocuente, magistral y exitoso. Pero todo eso cambió de repente en un encuentro espiritual profundo. George Mowry descubrió que sus planes y ambiciones fueron alterados radicalmente el día que dijo que sí en ese encuentro. En una aventura riesgosa con el Divino que él llamó fe, George Mowry rindió su futuro y destino al control y la provisión de Jesucristo. Desde ese momento en adelante, George le permitió a Dios dirigir sus caminos; comenzó una nueva vida con significado, propósito y dirección. Desde ese día, George tuvo una misión, una causa, una pasión, hacer discípulos semejantes a Cristo.

Este nuevo llamamiento no fue idea de George. Fue un regalo de Dios, una invitación a seguir al Maestro con una misión para la vida. El tiempo y las posesiones de George ya no pertenecían a él. Consagró todo lo que era y lo que llegaría a ser. Dedicó lo que tenía y llegaría a tener a su nuevo Maestro. Dios llamó a George para ser pastor. Inmediatamente cambió sus planes y se matriculó en un curso de estudios para ministros. Los estudios de George llegarían a ser el fundamento desde el cual serviría a Cristo y a su iglesia por los siguientes 60 años.

Durante los primeros 16 años de mi vida, George Mowry fue mi pastor, le llamábamos hermano Mowry. De él aprendí lo que significa seguir a Jesús y ayudar a otros a seguir a Jesús. Me enseñó que Dios me ama y que en respuesta desea mi amor. Aprendí la importancia de entender la Palabra de Dios y al Espíritu Santo. Me enseñó cómo orar y buscar el rostro de Dios. Me instruyó en cómo ser un miembro fiel y amar a la iglesia, y me mostró lo que significa ser parte del Cuerpo de Cristo. El hermano Mowry modeló lo que era un siervo con humildad y compasión. Me guió en ser como Cristo y esperaba que mis actitudes y acciones estuvieran en armonía con Jesús.

Algunos de mis primeros recuerdos giran alrededor de la iglesia, la Escuela Dominical y el hermano Mowry. Los niños eran una prioridad alta en la agenda de mi pastor. Cuando estábamos en la escuela primaria, el hermano Mowry se aseguraba que fuéramos no sólo a la Escuela Dominical sino que también participáramos en Caravanas los lunes en la tarde. Si no teníamos transporte, él nos buscaba en su automóvil. Luego hacía arreglos para que tuviéramos cómo regresar a casa, si no él mismo nos llevaba. Para él, Caravanas era una herramienta increíble para alcanzar a niños enseñándoles destrezas vitales para la vida. Caravanas reforzaba lo que significaba seguir a Jesús cada día de nuestras vidas. Nos permitía aprender juntos destrezas de la vida de manera divertida más allá del aula. Y durante todo esto, nuestro pastor estuvo presente, supervisando, dirigiendo, modelando, animando y apoyando a los obreros en el programa.

Lance[1], uno de mis amigos de toda la vida, visitó nuestra iglesia por primera vez por medio de la clase de Caravanas. Lance no creció en un hogar cristiano; sus padres nunca asistieron a la iglesia. Sin embargo, Lance encontró que la clase de Caravanas era un lugar emocionante donde aprendió destrezas que lo ayudaban y hacía nuevos amigos. Un día, mientras estaba en la clase de Caravanas, Lance invitó a Jesús a entrar en su vida. Comenzó a ir a la Escuela Dominical y a la iglesia. Luego, su hermana y su pequeño hermano comenzaron a asistir. Lance nunca faltaba a Caravanas y a la Escuela Dominical. Más adelante, en sus años de adolescencia, fue parte del grupo de jóvenes y se convirtió en miembro de la iglesia. A lo largo de los años, ha servido fielmente apoyando a los jóvenes, como maestro de Escuela Dominical y miembro de diferentes comités. Conoció a su esposa Wendy en la iglesia. Hoy, casi 50 años después, Lance y su esposa y sus hijos, y los hijos de sus hijos siguen siendo parte de la iglesia local, porque el hermano Mowry, creyó que los niños eran importantes y los colocó en un lugar prioritario en su agenda.

El hermano Mowry hizo todo lo que estaba a su alcance para relacionarse con los niños. Mis padres todavía tienen una película de 8 milímetros de él meciendo sobre sus rodillas a dos de mis hermanitos, riéndose, abrazándolos y cantando con los niños. Es fácil notar cuán genuinamente amaba y cuidaba de los niños. Me pregunto si sería así como Jesús amaba a los niños pequeños. ¿Los habrá puesto sobre sus rodillas? ¿Habrá reído y cantado con ellos? ¿Les habrá gustado a los niños estar con Jesús como a mí me gustaba estar con mi pastor?

El verano era especialmente importante en las vidas del hermano Mowry y los niños de la iglesia. La Escuela Bíblica Vacacional y el campamento de verano no eran opcionales, si

---

[1] El nombre ha sido cambiado.

ellos te conocían, estabas en su lista para la EBV y el campamento. Él sabía que estas serían semanas donde las vidas serían cambiadas, y él no iba a permitir que las perdiéramos. El hermano Mowry tomaba la iniciativa de mantener a los niños como una prioridad elevada en la iglesia. Importábamos para nuestro pastor, y él nos lo dejaba saber.

El hermano Mowry no sólo hablaba del campamento de niños, él nos llevaba al campamento de verano. Un día húmedo a principios de julio, antes que los demás niños del campamento despertaran, recuerdo que miré por mi ventana y vi al hermano Mowry sentado a solas en una banca del parque bajo la sombra de un gran olmo. Ahí estaba mi pastor con su cabeza inclinada, orando. Su Biblia ya gastada estaba sobre sus faldas. Creo que él comenzaba cada día así, pasando un tiempo a solas con Jesús. A lo largo del día, él nos enseñaba y jugaba con nosotros y en los cultos de las tardes en la capilla oraba con nosotros.

El campamento de verano fue central en su estrategia de crecimiento y formación de los niños como discípulos semejantes a Cristo. Él sabía que experimentar una semana intensa de diversión y risas, junto a las verdades espirituales y conocimiento, edificaría un fundamento sólido de las verdades de las Escrituras en nuestras vidas.

No sólo era en el verano que el hermano Mowry se involucraba en nuestras vidas. Recuerdo que nos llevaba a otros paseos llenos de aventuras. Fuimos a acampar, a escalar, a pescar y a otras cosas divertidas que a los niños les gustan.

Una tarde memorable él nos llevó a escalar la montaña Sioux Lookout, el punto más alto en el condado. Todavía recuerdo el gozo intenso de tallar mis iniciales en las paredes areniscas del cañón mientras en mi imaginación jugaba vívidamente con vaqueros e indios persiguiéndose unos a otros por las montañas de arena. La inversión del hermano Mowry en mi vida fue una influencia significativa.

El hermano Mowry tenía una manera muy particular de hacernos preguntas que nos hacían detenernos y pensar: ¿En qué consiste mi vida en Cristo? ¿Puedo simplemente vivir mi vida buscando realizar mis propios planes? ¿Qué tal si Dios tiene un llamamiento más elevado para mí?

Una tarde de verano al pasar por la iglesia, vi que la puerta de la oficina del hermano Mowry estaba abierta, así que entré. Aunque interrumpí su preparación para el domingo, me recibió con calidez y amablemente hablamos sobre la predicación y las demandas de la labor del pastor. Aquellos breves minutos se convirtieron en una conversación que moldearían mi vida.

Como niño, pasé por muchas etapas tratando de decidir que quería ser cuando fuera grande. Veía un camión de bomberos o un carro de policía y pensaba: *Eso se ve excitante. Quizá debería ser un bombero o un policía.* Una visita al dentista me hacía considerar la escuela de dentistas para el futuro. Pensé en leyes, medicina, llegar a ser maestro o seguir una carrera en música. Quizá debiera ser un instructor de banda en la secundaria. Mi papá era un vendedor; quizá deba incursionar en las ventas. Aunque tenía todas estas posibilidades presentes, la idea del ministerio siguió persistiendo en mi mente. ¿Qué tal si Dios quiere que sea un predicador algún día? Sin embargo, predicar era lo último que quería hacer. No tenía ningún deseo de ser pastor. Dios debía tener algo diferente en mente para mí. Quizá debería enlistarme en el ejército.

En la clase de sociología de noveno grado tuvimos la tarea de escribir nuestras primeras dos opciones para nuestra carrera futura. Mi primera opción fue la de ser un cantante de música popular. Bueno, Elvis Presley estaba envejeciendo. Por alguna razón desconocida y con mucha incertidumbre, escribí mi segunda opción: ministro. Si hubiera sabido que íbamos a leer las respuestas ante toda la clase no hubiera escogido ninguna de estas dos posibilidades. La clase se rio a carcajadas cuando escuchó mi primera respuesta y se río disimuladamente de mi segunda respuesta.

Realmente no quería ser ministro. No era ni remotamente parte de mi sueño. Sin embargo, la predicación siguió en mi mente, presentándose como una posibilidad insistente y constante, como un pulgar presionándome en la espalda. Sin embargo, tenía serias reservas respecto al ministerio pastoral. ¿Cómo uno va vivir? A los pastores no se les paga bien, pero igual necesitan enviar a sus hijos a la universidad. Ellos viven en una casa pastoral controlada por un comité. Las personas hablan negativamente de los pastores y resisten su liderazgo. Su trabajo es arduo y sus largas horas de trabajo interrumpen e invaden los horarios de la familia. Los ministros siempre están disponibles para cualquier emergencia. Mientras que los demás se van a la casa entre los servicios y otros eventos, el pastor tiene que prepararse para reuniones de junta, funerales, bodas o para servicios del domingo. Ciertamente la predicación no parecía muy gratificante—excepto cuando consideraba al hermano Mowry.

Por medio de su vida y palabras, el hermano Mowry demostró el gozo del Señor al cumplir su llamamiento al ministerio pastoral. Me podía dar cuenta por la manera que él amaba a la gente y la gente lo amaba a él. Lo podía escuchar en sus sermones. Lo podía ver en su rostro. George Mowry fue un hombre de profundo contentamiento al realizar su llamado. Hizo del ministerio pastoral algo viable y atractivo. Pagó el alto precio del ministerio con dignidad y gracia. Vivió en servicio obediente a Aquel que lo llamó y lo sostuvo.

Fue durante la invitación al altar en una reunión especial durante la primavera que tomé la decisión de ser un pastor. Pasé y me arrodillé en el altar de la iglesia, diciendo: "Está bien, Señor, acepto el llamado a predicar. Si eso significa que viviré en una casucha toda mi vida, estoy dispuesto. Si significa poco dinero y pocas posesiones, te obedeceré. Si significa ir a lugares que no quiero ir o hacer cosas que no quiero hacer, seré tu hombre. Si significa crítica y rechazo, horas largas y privaciones, lo que sea. acepto tu llamado. Sí, Señor, deseo tu voluntad para mi vida. Entrego mi tiempo, mis talentos y mi futuro a la dirección y control de tu Santo Espíritu. Desde este día en adelante, soy tuyo. Predicaré tu Palabra y viviré para ti".

Aunque fue un momento de una fe que tomaba riesgos, de repente, una paz profunda y un sentido de afirmación inundaron mi corazón, substituyendo el pulgar que me presionaba la espalda y esos sentimientos de indecisión e incertidumbre. El Espíritu Santo de Dios me dio una paz respecto a su llamado que me ha sostenido a través de todos los desafíos de mi vida.

Unos días después, el Señor confirmó su llamado por medio de su Palabra. Mientras leía un periódico de una universidad cristiana, algunas palabras impresas en mayúsculas saltaron de la página a mi corazón y a mi mente. "Fíate de Jehová de todo tu corazón, y no te apoyes en tu propia prudencia. Reconócelo en todos tus caminos, y él enderezará tus veredas" (Proverbios 3:5-6).

Desde ese día hasta ahora, he encontrado que ese versículo es verdad. He tomado decisiones y he hecho cambios que han moldeado mi vida basados en su promesa. Ha sido la fortaleza que me sostiene y que me da valor. Ser un ministro no fue mi idea; es el llamado de Dios para mi vida, y hasta este mismo día, me lleva a un punto de confianza, dependencia y obediencia a su voluntad.

En mi último año de secundaria, había nueve jóvenes de esta clase que asistíamos a nuestra iglesia local. De ellos, ocho de nosotros asistimos a universidades nazarenas y cinco llegamos a matricularnos para el ministerio. Pero no fue tan sólo mi clase que tuvo un número tan alto de personas estudiando para el ministerio, un espectro amplio de familias bajo el liderazgo del hermano Mowry están orgullosos de los miembros de su familia que están en el servicio a tiempo completo en el reino de Jesús.

Literalmente, docenas de hombres y mujeres, quienes fueron parte de una iglesia local en North Platte, Nebraska, EUA, están en servicio cristiano activo a tiempo completo.

El hermano Mowry, amó a Dios y a su pueblo. Fui tan solo un niño entre muchos otros que él enseñó, de quienes fue su mentor, guió y moldeó profundamente como un discípulo de Jesús. Hoy soy un predicador de la Palabra de Dios y un seguidor de Jesús por la inversión de un hombre piadoso que creyó que su rol era hacer discípulos semejantes a Cristo. Como el hermano Mowry, yo también busco intencionalmente traspasar mi relación con Jesús a otros. Busco a propósito el desarrollo de la madurez semejante a Cristo en aquellas personas que Dios pone en mi vida. Esto incluye a las personas que sirvo como pastor. Incluye a miembros de la familia e incluye a las personas de la Iglesia del Nazareno alrededor del mundo a quienes sirvo como director de los Ministerios Internacionales de Escuela Dominical y Discipulado.

HACIENDO DISCÍPULOS POR MEDIO DE LA IGLESIA LOCAL
—CHERYL SHERWOOD with WOODIE J. STEVENS

Permítanme compartir con usted la historia de Cheryl Sherwood. Al leer su historia descubrirá que en medio de un mundo que cambia rápidamente, ¡hemos estado haciendo algunas cosas correctas!

La historia de Cheryl es semejante a muchas otras. Ella es "la chica nazarena". Su bisabuelo, John Howard Smith, estuvo presente en Pilot Point, Texas, cuando inició la Iglesia del Nazareno. Durante su infancia, sus padres, Jim y Sandy Crawford, se aseguraron que ella asistiera a la Escuela Dominical y a la iglesia. Cheryl tuvo una niñez normal: Cajones con arena, columpios, hula-hula, bicicletas, galletitas navideñas y amor, sólo por el simple hecho de existir. Con su corazón de niña, le pidió a Dios que perdonara sus muchos pecados en varios momentos, como cuando azotó una gran tormenta, o el evangelista mencionó la palabra "infierno", o su mejor amiga aceptó a Jesús, nuevamente en la Escuela Bíblica de Vacaciones. Algunas personas dicen que debemos saber el día específico de nuestra salvación para que sea una experiencia real. Cheryl no está de acuerdo. En su iglesia local, el altar era un lugar que a los niños se los motivaba a utilizarlo a menudo.

Durante la escuela primaria, Cheryl tuvo una maestra de Escuela Dominical destacada, Ruby Stewart. Ella hacía a mano collares de perlas plásticas en forma de capullo de rosas para todas las niñas de segundo grado de su clase. Cada collar era hermoso y único. Cuando Ruby le dio a Cheryl su collar el Domingo de Promoción, le dijo: "Cheryl, tú eres como este collar. Cada capullo de rosa es hermoso e individual. Dios te hizo de la misma manera. Él te ama y te ha dotado con talentos que nadie más tiene. Mi oración por ti es que seas un hermoso ejemplo de Él y le muestres a otras personas que, igual que tú, ellos son únicos a los ojos de Dios". En ese momento, Cheryl se dio cuenta de que como una persona única con gran valor, Dios tenía un propósito particular para su vida. Ella aún conserva su collar plástico de capullo de rosa.

A través de su niñez y adolescencia, los padres de Cheryl y otras personas en la iglesia vertieron sus vidas en ella. Repetidas veces le mostraron a Jesús. La motivaron a cantar, a participar en el esgrima bíblico, jugar deportes, tocar el violín, participar en concilios y comités, viajar con el coro juvenil, asistir a campamentos y congresos de la juventud nazarena, y a servir en los grupos de impacto de la juventud. Ellos le permitieron saber que ella era importante en la vida de la iglesia local y distrital. Por su influencia, Cheryl le pidió a Dios durante su último año de secundaria que santificara su vida. Ella quería estar completamente apartada para Él. Ella quería que Dios usara su vida como a Él le pareciera mejor.

Mientras asistía a la Universidad Nazarena de Olivet, Cheryl sentía que Dios le decía que fuera una maestra. No cualquier maestra, una maestra de escuela pública. En obediencia, ella cambió su especialidad para enseñanza primaria.

Después de su segundo año en Olivet, se casó con John, su novio de preparatoria/secundaria. Se transfirió a la Universidad de Bradley en Peoria, Illinois. Bradley no era una universidad cristiana y Cheryl tuvo que aprender de nuevo cómo compartir su fe. Muchos de sus nuevos amigos no conocían nada sobre Jesús.

Ellos no tenían la menor idea de que Dios quería una relación personal con ellos. Cheryl hablaba la "jerga de la iglesia", pero ninguno de ellos la entendía. Si iba a alcanzarlos, tenía que encontrar una nueva manera de compartir lo que Dios había hecho en su vida. La universidad secular llegó a ser su campo misionero. Ella pudo compartir el milagro de la gracia y la misericordia de Dios con varios amigos antes de graduarse.

Después de su graduación, Cheryl enseñó ciencias en los grados séptimo y octavo durante varios años. ¡Ciencias en la secundaria! ¡A propósito! ¡Era el único trabajo disponible! Pero, una cosa sorprendente le ocurrió a Cheryl. Le encantó enseñar a los adolescentes de 12, 13, y 14 años. Los estudiantes en esa edad están en el proceso de decidir quiénes son y qué creen, y Cheryl llegó a ser parte de moldear esas creencias.

Mientras enseñaba en esa escuela pública, una mañana de septiembre fue a orar alrededor de la bandera. Allí conoció a más de una docena de jóvenes cristianos de séptimo y octavo grado. Intercambiaron ideas, y después de mucha oración, crearon un plan para iniciar un estudio bíblico para los estudiantes. Lo llamaron "Sesión JAM" (por Jesus and Me, Jesús y yo, en inglés). Actualmente hay más de 100 estudiantes que asisten a la Sesión JAM, aunque Cheryl lleva 12 años de no enseñar en esa escuela.

Cheryl y su esposo se unieron a la Primera Iglesia del Nazareno en Pekin, Illinois, donde han servido como líderes en el grupo de jóvenes, maestros en la Escuela Dominical y como guías en el programa de Caravanas. Han servido en juntas y comités, juegan y entrenan en deportes auspiciados por el Equipo Impacto de los jóvenes de distrito, y han participado como delegados a la Asamblea General y a las Convenciones Generales de la JNI y Ministerios de Escuela Dominical.

Hace 10 años, Cheryl llegó a ser superintendente de Escuela Dominical en la Primera Iglesia del Nazareno de Pekin, Illinois.

El hacer discípulos a la semejanza de Cristo era ya parte de su vida, pero ahora llegó a ser algo más personal: John y Cheryl habían asumido el rol de líderes espirituales para sus propios niños, Brittany y Tyler. Pronto los niños asistían a la Escuela Eominical en la que Cheryl era la responsable. Ella quiso asegurarse que sus niños y todas las personas en su iglesia tenían las mejores clases disponibles.

Nuestra responsabilidad como cristianos no es sólo dirigir otros a Cristo, es también ayudar a los nuevos cristianos a madurar como discípulos semejantes a Cristo. Una manera para ayudar es a través de la escuela dominical, que juega un papel vital al permitir a las personas crecer, aprender, preguntar y llegar a ser discípulos de Jesús. Creyendo esto, Cheryl y John enseñaron la clase para jóvenes adultos casados. Había varios miembros de su clase que habían conocido a Cristo siendo adultos y no habían escuchado las grandes historias de la Biblia cuando eran niños. Tenían preguntas acerca de la validez y relevancia de muchas cosas en la Biblia, tanto del Antiguo como del Nuevo Testamento.

Cheryl describe esta experiencia:

Soy una buena maestra porque me gusta usar un buen currículo. Yo no podía encontrar un libro que responda todas las preguntas de los que están en mi clase, así que les permití que ellos escribieran sus preguntas y cada semana yo estudiaba y planeaba una lección sobre una pregunta. Después de 8-10 horas de investigación, generalmente terminaba con un buen material. ¡Uh! ¡Eso es mucho tiempo! Por supuesto, mi preparación me llevó mucho más profunda en la Palabra de Dios de lo que fui siendo niña, y desde entonces he visto en venta libros que habrían sido de gran ayuda, pero todo fue en el tiempo de Dios.

Estudiamos Jonás durante cuatro semanas. Durante ese tiempo, la junta de la iglesia discutía la necesidad de reclutar un director de niños a tiempo parcial, y yo asistí a esas reuniones. Ya que nuestra clase de Escuela Dominical se reunía en el segundo piso en el Centro de Vida Familiar, donde las ventanas se unen al techo del gimnasio, yo podía mirar hacia abajo y ver a los niños, que se reunían en el gimnasio. ¿Les mencioné que nuestra clase estaba estudiando sobre Jonás? Cada domingo, mientras caminaba cerca de las ventanas y observaba a los niños, Dios habló a mi espíritu: "Ese es Nínive, ¿vas a ir allá? Bueno, es bastante duro comparar a los niños de mi iglesia con Nínive, pero pueden entender la idea. Me gusta Jonás. En él encuentro compañía para mi ineptitud. Después que mi pastor, Greg Mason, me pidió que fuera pastor de los niños por cuarta vez (olía mucho como el interior de un pez grande), finalmente acepté hacer el trabajo. Ya he sido pastor de niños por casi cinco años, y de seguro he descubierto una cosa; cuando estás en el centro de la voluntad de Dios para tu vida, ¡es algo hermoso!

Cheryl no tiene formación profesional como pastor de niños, pero tiene un ministerio efectivo entre los niños, no sólo en la iglesia local, sino también en el distrito y alrededor de la región. Es una maestra de escuela pública quien también trabaja en su iglesia local. Su capacidad como educadora y su experiencia como madre han sido una bendición y le han provisto de recursos, pero Dios le ha concedido el deseo de edificar a cristianos y dirigir niños y niñas para llegar a ser grandes hombres y mujeres de fe.

Nuestra iglesia ha sido muy bendecida por tener a líderes como Cheryl. ¿Cómo sucede esto? Padres, pastores, maestros, y toda la gran familia de la iglesia moldeó profundamente su vida desde su niñez y juventud. Ahora, desde su vida esparce el amor de Jesús de la misma manera que otros derramaron el amor de Dios en ella. Cheryl expresa su gratitud de la siguiente manera:

Estoy agradecida con tantas personas que tomaron tiempo para capacitarme y mentorearme. Sea que los conocí en mi pueblo natal o más allá, ellos me instruyeron en el camino de Dios. Mientras practico esta vida de discipulado, espero capacitar y mentorear a mis hijos y a los niños de mi iglesia local y mi distrito. Oro para que tanto mis niños y los suyos lleguen a conocer a Jesús como su Salvador personal y sean sus discípulos a través de sus vidas.

El testimonio de Cheryl inunda de gozo mi corazón. Nunca seremos la iglesia que Dios quiere que seamos sin siervos devotos como Cheryl y aquellos que la discipularon para discipular a otros.

Alabo a Dios por sus fieles discípulos en todo el mundo quienes han ido antes de nosotros. Qué rica herencia tenemos que nos trae a este día de increíble oportunidad.

Quizá ha oído el dicho de que los métodos son muchos y los principios pocos, los métodos cambian, pero los principios nunca. Para el cumplimiento de la misión, hay muchos métodos, y aunque es tiempo de actualizar y ampliar nuestros métodos, los principios permanecen iguales.

HACIENDO DISCÍPULOS POR MEDIO DE LOS MINISTERIOS ENTRE NIÑOS
—LYNDA BOARDMAN

Lynda Boardman ha servido como directora de los ministerios de niños para la Iglesia del Nazareno. Considere su experiencia y perspectiva sobre las relaciones de discipulado, cómo la han moldeado a ella, y además, la han ayudado a influenciar a otros. Lynda reflexiona sobre el discipulado de niños comenzando con un incidente que ocurrió durante la segunda noche de una Escuela Bíblica Vacacional cuando ella conoció a Andrea, una bella niña de 11 años de cabello oscuro. Lynda escribe:

Andrea estaba sentada en la clase de preadolescentes, involucrada activamente con su libreta y lápiz. Su amiga Kendra la había traído a la Escuela Bíblica de Vacaciones (EBV). Andrea disfrutó la sesión e inmediatamente indicó su deseo de asistir a la iglesia regularmente.

Durante los próximos meses, trajimos a Andrea a todas las actividades de la iglesia. Ella cenó con nosotros en la casa e imitaba nuestro estilo de vida. Aceptó a Jesús como su Salvador y comenzó a compartir con su mamá sobre su relación con Dios. Su mamá, Jan, una madre soltera, asistió a los programas en que Andrea participaba con entusiasmo. Cerca de cinco meses después de la EBV, Jan comenzó a asistir a los cultos de adoración los domingos en la mañana y eventualmente a la clase de adultos de la Escuela Dominical.

Un día en enero, Jan hizo una cita con mi esposo, el pastor. Ese día una gran transformación ocurrió en su vida. Mientras James la guío en una oración de confesión, ella aceptó a Jesucristo como su Señor. De un trasfondo de no asistir a la iglesia, con poco conocimiento de la Biblia o de la conducta cristiana, Jan buscó el perdón y un estilo de vida diferente.

Jan le debía su nueva vida a una hija que encontró una amiga cristiana, a una iglesia que la aceptó tal como ella era, y al Dios que realizó un milagro. Y los milagros continuaron. Poco tiempo después, por los esfuerzos de Andrea, había 15 personas más en la iglesia el domingo.

¿Qué significa discipular a un niño? ¿Qué significa que un niño sea un discipulador? Los niños son seres espirituales al igual que los adultos. Aunque sus cuerpos estén menos maduros, su potencial para el crecimiento espiritual es igual. Por cuanto los niños no tienen bagaje extra, muchas veces están más abiertos al crecimiento espiritual que los adultos. Se requiere invertir, imprimir e interactuar para hacer de los niños discípulos a la semejanza de Cristo.

Invirtiendo

Invertir en la vida de los niños comienza desde el momento de su nacimiento. Los padres cristianos y los cuidadores de bebés tienen la oportunidad única de traer la presencia de Cristo a su ambiente. Los bebés aprenden de la atmósfera, actitudes y acciones que les rodean. Los humanos aprenden más rápido en el primer año de vida que en cualquier otra etapa de su ciclo de vida. Para cuando un niño tiene cinco años de edad, 85 por ciento de su personalidad está formada. Las palabras que los niños escuchan, las expresiones faciales y los visuales de colores brillantes que ven, los abrazos suaves y palmadas que sienten, todos forman el fundamento para lo que van a aprender en el futuro. Los bebés usan todos sus sentidos para explorar sus mundos. Todo es nuevo y fascinante. Cuando un niño muestra interés es el "momento preciso para enseñar".

El discipulado es invertir en hacer pactos. Un pacto es un acuerdo o promesa entre dos o más personas para la realización de alguna acción. Tenemos un pacto con Dios para enseñar a los niños:

- La Biblia, la historia de Dios
- Cómo estudiar la Biblia
- Cómo orar y aceptar a Jesús como Salvador
- Cómo ser parte de la familia de Dios y seguirle a Él
- Cómo participar en la adoración.

Cuando nuestros hijos varones estaban en la edad de preescolar y de escuela elemental, compartimos la responsabilidad de los devocionales en familia. Cada uno tenía su turno para crear y facilitar nuestro tiempo devocional juntos. A veces teníamos música, cantos e instrumentos. Algunas veces compartían un drama creativo o el relato de una historia. Siempre fue una oportunidad para adorar juntos.

El discipulado comienza en la medida que se invierte tiempo en la vida de niños pequeños. Un regazo cálido, una historia leída, una oración juntos y una canción que se comparte edifican fundamentos sólidos.

El tiempo compartido juntos en la Palabra de Dios es fundamental. Biblias ilustradas, Biblias para niños y Biblias de audio para niños son herramientas disponibles para que las Escrituras cobren vida para ellos. Escoja historias de aventura y valor para niños, como por ejemplo: David y Goliat, Daniel y sus tres amigos, los discípulos de Jesús en medio de la tormenta. Utilice historias de heroínas para motivar a las niñas, como la de la reina Ester, Deborah y Miriam.

El tiempo en oración con un niño y por un niño es tiempo bien invertido. Los siguientes doce pasos para orar por un niño es una guía para dirigirnos en este asunto.

Ore para que los niños puedan:

1. Aceptar a Jesús como su Salvador personal
2. Pasar tiempo orando
3. Desarrollar el carácter y estilo de vida cristianos
4. Amar y aprender la Palabra de Dios
5. Testificarles a otros acerca de Jesucristo
6. Adorar a Dios con alabanzas y gratitud
7. Ser buenos mayordomos de su tiempo, talento y dinero
8. Buscar la voluntad de Dios
9. Poner a Dios primero en todas las decisiones
10. Tener y reconocer la protección de Dios en todos los niveles: Espiritual, mental, emocional, físico y sexual
11. Escoger novios y compañeros cristianos
12. Guiar a sus propios hijos a una relación personal con Jesucristo.

El tiempo invertido en establecer tradiciones que se pasarán de generación a generación es un elemento esencial de hacer discípulos semejantes a Cristo.

Una de nuestras tradiciones familiares es la corona de adviento que hacemos con material verde y velas. Cada año al acercarse la Navidad, sacamos la corona de adviento, leemos el pasaje y mensaje del día y encendemos la vela apropiada. En el día de Navidad, antes de abrir los regalos, leemos la historia de Navidad y se enciende la vela que representa a Cristo. Esta es una tradición que ahora celebramos con nuestros nietos.

Un sinnúmero de incalculables oportunidades con niños se pierden rápidamente. Pasar tiempo con los niños debe comenzar desde su temprana edad para que sus corazones se mantengan abiertos cuando lleguen a ser adolescentes.

Recuerdo el día en que supimos que íbamos a adoptar a un hijo. "Tenemos un niño para usted. ¿Le gustaría tenerlo?", preguntó la voz en el teléfono. ¿Qué si queremos tenerlo? ¡Qué pregunta! Habíamos esperado años para este momento. ¡Claro que lo queremos!

En la agencia de adopción, miramos a ese pequeñito bulto e inmediatamente dijimos: "Este es nuestro hijo".

Lo amamos y nos alegramos con él, pero ahora, más de 30 años después, recordamos los desafíos de su niñez, las pruebas de su adolescencia y las tentaciones que vienen con los veinte años. Sin embargo, a lo largo de todos estos tiempos, nuestro amor se mantuvo inalterable y nuestro apoyo permaneció.

El discipulado es invertir amor. El amor debe ser incondicional, pero a veces tiene que ser firme. Disciplina y discípulo provienen de la misma raíz. Al discipular a los niños, es importante guiarlos desde la disciplina impuesta a la autodisciplina.

Imprimiendo

Un científico de investigación llamado Konrad Lorenz describe el proceso de vínculos sociales rápidos de los niños pequeños a sus padres y fue el primero en usar el término "imprimir". Su definición de imprimir es:

Un proceso de aprendizaje que ocurre temprano en la vida de un animal social, en el cual se establece un patrón de comportamiento específico por medio de la asociación con un padre u otro modelo.

En la película, Volando a casa o Volando libre (Fly Away Home), una chica de 13 años descubrió un nido de huevos de gansos huérfanos. Ella los recogió, los llevó a casa y construyó una incubadora casera. Alimentó los huevos hasta que salieron del cascarón. Los gansitos fueron imprimidos por quien ellos vieron primero, así que la chica se convirtió en la "Madre

Gansa". Los gansitos crecieron mientras la chica los alimentaba, los amaba y los cuidaba. Ellos la seguían a todas partes y respondían a su llamado. Esta situación perfecta fue interrumpida cuando un oficial encargado de la vida silvestre se acercó y declaró que "era ilegal criar gansos sin cortar sus alas".

El padre de la joven sabía que la naturaleza llamaría a los gansos a volar hacia el sur en el otoño, y a ellos se les necesitaba permitir estirar sus alas y aventurarse en el mundo para seguir el llamado. Sin embargo, existe un gran problema. Los gansos nunca han aprendido a volar. El papá, un inventor y piloto aficionado, intervino para ayudar. Él intentó hacer que los gansos, ahora adultos, lo imitaran volando al lado de su pequeña avioneta. Luego de repetidos intentos, era obvio que los gansos no dejarían a la niña en la tierra. Ella necesitaba aprender a volar. Ella podría volar el avión y los gansos volarían a su lado. No querían separarse de ella aun cuando tuvieran la oportunidad. Cuando una de las hélices lastimó a uno de los gansos durante una sesión de vuelo, ella lo atendió hasta que sano. Eventualmente, llegó el tiempo cuando todo estaba listo y comenzaron el proceso de separación. Los gansos fueron guiados exitosamente a su hogar para el invierno. Sin embargo, cada año regresaban a su base en el hogar. No importaba cuán lejos se encontraban siempre regresaban.

¿Qué podemos aprender de esto sobre el discipulado de niños? Primero, la impresión en la vida de los niños debe comenzar temprano. Modelar e imitar comienza cuando los bebes responden a sonrisas, abrazos, besos y palabras habladas. Cuando mi prima segunda de tres años trató de pronunciar mi nombre, le salió Glynda en vez de Lynda. Luego de mostrarle que mi nombre se comenzaba a pronunciar al poner la lengua en la parte superior de la boca para formar el sonido de "L", ella lo captó. Cuando me veía después de eso, cuidadosamente ubicaba la punta de su lengua en la parte superior de su boca y pronunciaba claramente mi nombre, "Lynda".

Hablarles a los niños sobre la creación de Dios, los milagros de Jesús, los versículos de la Biblia, héroes de la Biblia que confiaron en Dios, los Diez Mandamientos y la Armadura de Dios son oportunidades maravillosas para comunicar los valores de estos preceptos para su vida. Si estas verdades son importantes para usted ellas van a satisfacer a los niños.

El discipulado por medio de la impresión también sucede cuando los niños se identifican con alguien que enfrenta las alegrías y tristezas de la vida.

Un día, estando soltera, me encontré en el supermercado con una de mis estudiantes del segundo grado. Ella se sorprendió de verme e inmediatamente preguntó: "Señorita Land, ¿también usted va al supermercado?

"Sí", le respondí. "De hecho, voy al supermercado, compro comida, la llevo a casa, la cocino y la como".

Esta fue una gran revelación a la niña de segundo grado, quien sólo me conocía como su maestra dentro de las cuatro paredes del aula. Aquel día se dio cuenta que soy una persona real con una vida que de alguna manera se parecía a la suya. Antes de realmente discipular niños, ellos necesitan identificarse con nosotros. Ganamos credibilidad cuando ellos entienden que enfrentamos crisis, aventura, tentaciones, celebraciones, sorpresas y obstáculos al igual que ellos. Por medio de la asociación de la impresión, ellos ven un modelo de lo que significa seguir a Jesús en cada situación que la vida nos presenta.

Sin embargo, llega un momento en el proceso de discipulado cuando los niños son animados a extender sus alas como hicieron los gansos. Es importante para ellos tener un fundamento sólido con una cosmovisión bíblica, madurez espiritual y una serie de valores cristianos al comenzar la vida como discípulo de Jesucristo y al dedicarse a hacer discípulos. Mucho de esto proviene a través de la educación informal del proceso de impresión.

Interactuando

La comunicación es un proceso donde se comparte información entre individuos. Los niños van a escuchar a las personas en quienes ellos pueden confiar. Ellos desean dialogar y ser escuchados sobre los asuntos que son importantes para ellos.

Por cuanto los niños piensan concretamente, las palabras abstractas pueden bloquear su entendimiento. Las canciones y conceptos simbólicos se les pierden a los niños. Por lo contrario, los niños comprenden a través de lentes literales.

A un niño que cantaba la B-I-B-L-I-A se le preguntó que significaba "en ella sólo confío yo" (en ella solo me apoyo). El niño contestó: "pongo algunas Biblias en el piso, me paro sobre ellas y ahí me quedo". El niño nunca captó el mensaje simbólico.

Cuando disciplinamos a un niño, la comunicación positiva funciona mejor que una lista de cosas que no deben hacer. Los niños son muy perceptivos y rápidamente detectan cuando no se es genuino. Comparta lo que Dios está haciendo en su vida. Comparta su historia de salvación y su peregrinaje espiritual. No dude en admitir sus necesidades y pedir oración.

Compasión es interesarse en las necesidades de los niños y querer ayudarles a suplir esas necesidades. Los niños responden a alguien que genuinamente se interesa por ellos y les ayuda a tratar con los asuntos difíciles de sus vidas. La integridad es una característica clave para que los niños acepten un discipulador. Acepte y crea en los niños. Conozca e identifíquese con lo que está sucediendo en la vida del niño; busque entender la motivación del niño.

La compasión no significa aprobación automática, pero es guiar a los niños hacia lo mejor de Dios para ellos. La compasión genuina fluye del amor incondicional.

Cuando la vida de los individuos se entreteje, una comunidad de interacción y apoyo se desarrolla, trayendo un sentido de pertenencia y una autoestima positiva. Los niños necesitan sentirse conectados a individuos y conectados al Cuerpo formando relaciones en un ambiente orientado a la comunidad. Ellos pueden estar involucrados en la vida de la comunidad aprendiendo de los ejemplos de otros que han modelado por medio del dar y el servicio generosos. Los niños son "discípulos en entrenamiento" no "discípulos en espera". No podemos darnos el lujo de esperar a que los niños crezcan para involucrarlos en la misión de la Iglesia.

Recientemente, tuve la oportunidad de pasar tres semanas con Courtney, mi nieta de 14 años. Nos recordamos de un viaje que ella hizo con su abuelo y conmigo a Guatemala tres años atrás. Nos hospedamos en el Seminario Teológico Nazareno en la ciudad de Guatemala y participamos en la conferencia Enseñar 2004 de la Región MAC (México, América Central y Panamá). Qué bendición caminar por las calles en otra cultura y encontrarnos junto a cristianos como nosotros en un ambiente internacional. Al final de nuestra visita, Courtney comentó: "Me gustaría regresar a este lugar algún día". Dios tiene el plano de su vida, pero las líneas que va trazando en el camino son importantes para completar su plan.

Ese diciembre, Courtney llamó para pedirnos si pudiéramos viajar 12 horas para su bautismo. Aunque Courtney fue la única que sería bautizada ese domingo, el viaje de 12 horas valió la pena para ser parte de este paso importante en el peregrinaje espiritual de Courtney.

Este verano, mientras Courtney estaba con nosotros asistimos a la Conferencia Nazarena de Jóvenes (NYC). La abuela usó tapones en los oídos para soportar la música alta, fui rociada con agua como parte de una ilustración en un culto y las horas tarde en la noche arruinaron cualquiera posibilidad de dormir. Pero aun así, fue una gran experiencia y un tiempo para compartir juntas.

Al inicio de nuestra semana en NYC, tuvimos un conflicto grande. Luego de bajar la euforia emocional, hubo un tiempo de disculpas y oración por entendimiento y dirección. Fue un momento de discipulado para Courtney y para nosotros.

El siguiente fin de semana hubo una reunión familiar donde pasamos tiempo con miembros de la familia extendida de cuatro generaciones. El domingo por la mañana celebramos la vida de mis abuelos quienes fueron pastores nazarenos pioneros. Ayudar a Courtney a identificarse con su legado es una parte vital de pasar la fe de una generación a otra. Escuchando cómo Dios trabajó en sus vidas a través de la muerte de niños, condiciones precarias de vida y circunstancias adversas le dan a Courtney un ejemplo de lo que significa mantener la fe.

En 1969, James y yo éramos pastores asociados en Ft. Wayne, Indiana. Una de nuestras responsabilidades era la guardería y el preescolar de la iglesia. Alan, de tres años, era uno de los niños que venía mientras su mamá, una madre soltera, trabajaba.

Alan era un niño pequeño amable y precioso; sin embargo, su mamá no siempre le respondía con bondad y paciencia. Ella tenía su propia agenda. Un día, luego de ser testigo de su trato brusco hacia Alan, mi esposo le dijo a su mamá: "Sabes, si algún día quiere que alguien cuide a Alan, será un gozo para Lynda y para mí hacerlo".

No mucho tiempo después de esa conversación, ella aceptó nuestra oferta. Alan pasó el fin de semana con nosotros, y en cuestión de semanas, con sus pertenencias, se mudó a vivir con nosotros. Alan llegó a ser parte de nuestras vidas, yendo a la iglesia, asistiendo a las fiestas de los jóvenes, tomando vacaciones con nosotros. El tenía una naturaleza espiritual muy sensitiva. Cuando orábamos con él en la noche, miraba alrededor del cuarto y oraba por todo lo que veía. En la iglesia, imitaba las oraciones de apoyo de los adultos e interrumpía con un "Amén".

Cuando Alan tenía cinco años, lo matriculamos en kinder en la escuela pública local. Para ese tiempo, ya gozábamos de una relación muy buena con Alan, pero no habría de continuar así, el papá de Alan decidió procurar su custodia. La mamá no quería cuidar de Alan, pero tampoco quería que su papá lo tuviera. Un día, la mamá de Alan llegó a la escuela y tomó apresuradamente a Alan de los brazos del maestro y tomó un taxi que le esperaba. Se fueron de prisa al aeropuerto y salieron del estado.

Por muchos años, no supimos donde se encontraba Alan y no tuvimos noticias de él. Un día, por medio de una conversación con su abuela, supimos alguna información de dónde se encontraba. Alan, ahora de veintiocho años estaba en la Guardia Costera, estacionado en la Isla del Gobernador cerca de la ciudad de Nueva York. Mi esposo lo llamó por teléfono y le dijo quien era. Inmediatamente nos recordó y quiso vernos. Pronto estábamos en la lancha rumbo a la Isla del Gobernador. Alan nos encontró en el barco y nos llevó a su apartamento para conocer a su esposa e hijo. Su hijito de tres años se parecía mucho a Alan cuando lo conocimos por primera vez. Pasamos la tarde juntos, hablando y recordando. En un momento dado, Alan se fue a su dormitorio, tomó una caja pequeña, y la trajo para mostrárnosla. Adentro se encontraban fotos de su tiempo con nosotros que había guardado por 23 años.

Cuando fue tiempo para irnos, Alan nos acompañó a la lancha. Vino a mi lado del carro, y bajé el vidrio. Él acercó su cabeza a través del vidrio y dijo: "Fue un poco difícil recordarlos cuando los vi al principio, pero tan pronto me abrazaron, recordé todo el amor que ustedes me dieron. ¿Podrían darme un último abrazo antes de irse?" Fue fácil extender mis brazos alrededor de aquel muchacho grande, guardia costero y darle un abrazo.

Desde ese tiempo, Alan se ha mudado en varias ocasiones y ahora tiene tres hijos. Pero sigue siendo verdad que fue el amor y las relaciones que marcaron una diferencia en su vida.

A final de todo, las relaciones personales son las que cuentan. Escuché que el 85 por ciento del éxito se debe a las relaciones y a la actitud; sólo 15 por ciento es debido al conocimiento. Las relaciones edificadas sobre el amor son integrales a ser y a hacer discípulos semejantes a Cristo.

HACIENDO DISCÍPULOS POR MEDIO DE LOS MINISTERIOS DE JÓVENES
—GARY HARTKE

No hace mucho, comencé una carrera de 770 km en bicicleta atravesando el estado de Iowa. El viaje realmente inició casi dos años antes cuando un grupo de varones en mi iglesia local comenzó a hablarme sobre sus experiencias en ciclismo. A lo largo del próximo año, ellos me motivaron mientras continuaban practicando ciclismo semanalmente. Yo siempre estaba listo con una excusa de porqué el correr bicicleta no era para mí: no tenía una bicicleta, comprar una bicicleta no estaba en mi presupuesto, no me encontraba en condición física para correr largas distancias, no tenía tiempo, etc. Sin embargo, a pesar de mi resistencia, fui atraído por su pasión y energía; lo podía sentir cada vez que ellos me hablaban de correr en bicicleta.

A lo largo de los meses, mi actitud e interés fueron cambiando. Finalmente, un año y algunos meses después, compré una bicicleta y comencé a correr bicicleta. Al principio fueron sólo 16 km, luego 32, después 48 y luego 64. Entre más tiempo pasaba en mi bicicleta, más ágil me sentía y más tiempo quería pasar en ella. A medida que progresaba durante el año, comencé a anticipar la experiencia de ese fin de semana de ciclismo a través de Iowa, del cual comentaban tan a menudo.

La carrera de ciclismo de Iowa es un evento anual con unos 10,000 participantes. Aunque no estaba seguro de que podría correr toda la distancia, me inscribí para el evento. Deseaba experimentar esta "semana increíble" de la que los muchachos hablaban. Después de tres días mi cuerpo estaba adolorido, el viento era fuerte y acampar al aire libre era difícil, pero ya estaba atrapado. Entendí porqué estos muchachos estaban tan comprometidos. Pude darme cuenta porque querían que experimentara este evento con ellos.

Estos muchachos y su interés me atrajeron. Quería experimentar lo que ellos habían experimentado. Quería estar emocionado sobre algo como ellos lo estaban sobre el ciclismo. Como resultado, ahora soy un ciclista comprometido y estoy reclutando a otros para que se unan a mí. Soy uno de ellos y el próximo año habrá más de nosotros.

A lo largo de estos dos años pasados he sido "discipulado" con éxito en el ciclismo por este grupo de hombres. Ellos me dieron una visión de algo que no tenía y con el paso del tiempo, me atrajeron y me capacitaron para ser uno de ellos.

A través de mi experiencia he tenido muchas preguntas. ¿Cómo debo entrenar? ¿Qué tipo de equipo necesito? ¿Cómo puedo cuidar mi bicicleta? ¿Cómo debo correr largas distancias? ¿Cómo funcionan los cambios de velocidad? Al contestar estas preguntas y muchas otras, este grupo de hombres me guío a aprender y a crecer como ciclista.

Me gustaría pensar que el discipulado cristiano funciona de la misma manera. Debe ser un peregrinaje atractivo y atrayente que nos atrapa al captar una visión de alguien que podemos llegar a ser, que es mucho mejor que quienes somos hoy. Es reconocer lo mejor de Dios para nuestras vidas al comprometernos a ubicarnos en un ambiente para hacer realidad una vida de discipulado.

Durante mis 23 años de experiencia en el ministerio entre los jóvenes, algunos como pastor de jóvenes y otros como director de la Juventud Nazarena Internacional (JNI), mis intereses en el discipulado se han enfocado primordialmente en los jóvenes. A lo largo de estos años de experiencia, he descubierto cinco áreas que creo que son esenciales en el discipulado para jóvenes.

El discipulado debe ser integral

El discipulado es integral al ministerio efectivo entre los jóvenes. Es el corazón de lo que estamos intentando especialmente como una de las tres estrategias para la JNI globalmente. El evangelismo, discipulado y desarrollo de líderes impulsan todo lo que pensamos y hacemos en nuestro esfuerzo como ministerio global de jóvenes, y el discipulado está en el centro.

Consideremos lo que sucede cuando no discipulamos a nuestros jóvenes. Nos arriesgamos a peligros significativos al permitir a los jóvenes que guiamos a Jesús a que a lo sumo sólo se mantengan como cristianos nuevos. Quizá nunca crezcan a ser discipuladores maduros. Como cristianos niños, corren el riesgo de ser desafiados por doctrinas falsas y mentiras abiertas. Corremos el riesgo de perderlos ya que algunos podrían abandonar su esperanza y fe en Cristo.

Me entusiasma que la misión de nuestra iglesia incluye a los jóvenes. Hacer discípulos a la semejanza de Cristo en las naciones no se limita a adultos maduros. Los adolescentes y jóvenes adultos se entregan de todo corazón a esta misión con una energía y celo que simplemente muchos de los nazarenos adultos no tienen.

Es importante notar que el discipulado no es un agregado para el ministerio de jóvenes. Por lo contrario, es una parte integral de quienes somos. No es opcional. No es un programa. El discipulado es el componente clave del centro de nuestra estrategia.

Necesitamos el discipulado uno a uno y el discipulado en comunidad (grupos pequeños). Preguntas similares a las generadas en las "Reglas de las Bandas y Sociedades" de Juan Wesley sirven como un modelo para ser usadas potencialmente.

El discipulado debe ser atractivo

No sólo el discipulado es un elemento integral, también debe ser un factor persuasivo en todo lo que hacemos. El discipulado debe ser atractivo, las personas primero creerán en ti y luego en lo que crees. Alguien dijo que a las personas no les importa lo que sabes hasta que sepan lo mucho que les importas. Los jóvenes tienen una capacidad enorme de interesarse en otros. El discipulado auténtico atrae a los jóvenes al ellos ver a otros jóvenes demostrar ser y hacer discípulos a la semejanza de Cristo. Nuestro compromiso a una relación de discipulado llevará a otros a desear lo mismo.

El discipulado debe ser intencional

La tercera clave para hacer discípulos semejantes a Cristo en las naciones por medio del ministerio de jóvenes, es la intencionalidad. En el pasado, a menudo hemos hecho el ministerio de jóvenes como Tarzán se mece en la jungla, con mucha facilidad. Los bejucos necesarios parecen siempre estar exactamente dónde y cuándo Tarzán los necesita, ayudándolo a que llegue fácilmente a su destino deseado. Como iglesia, hemos provisto estos "bejucos" a nuestros jóvenes, haciendo todo lo correcto para ayudarlos en los años de su adolescencia. Luego dejan nuestro ministerio de jóvenes porque la iglesia ya no le provee un bejuco conveniente. Nos dicen que ya no hay nada más para ellos, dejan nuestras iglesias buscando otra asociación que les provea bejucos que son fáciles de alcanzar. Debiéramos haber estado ayudando a nuestros jóvenes a navegar por su propio camino en vez de navegar nosotros por ellos. Debemos buscar hacer ministerio "por medio de y con" los jóvenes en vez de "hacia y para" ellos.

Duffy Robins, en su libro *Ministry of Nurture (Ministerio de nutrición)* comparte la ilustración de un niño que fue a un campamento con un bolso lleno de cosas para la semana: Ropa para cada día, toalla, almohada, Biblia, linterna, bocadillos, repelente de insectos, jabón, champú, cobija, etc. Su mamá ordenadamente le empacó todo lo que iba a necesitar. Cuando el niño regresó del campamento su madre abrió el bolso y encontró que todo estaba empacado exactamente como ella lo había puesto. Su primer pensamiento fue que el niño había vuelto a empacar todo perfectamente en el bolso, luego se dio cuenta que su hijo no había usado nada del bolso.

Como iglesia, podemos hacer todo lo correcto para empacar los bolsos espirituales a nuestros jóvenes, sólo para percatarnos que una vez que ellos están por su propia cuenta, nunca sacan nada del bolso. Necesitamos liderar nuestro ministerio de jóvenes, de tal manera que le ayudemos a que ellos empaquen sus propias bolsas espirituales. Otra vez, debemos buscar hacer ministerio "por medio de y con" los jóvenes en vez de "hacia y para" ellos.

¿Qué si involuntariamente hemos capacitado a nuestros jóvenes para poner la responsabilidad de su desarrollo espiritual en el pastor, el obrero de jóvenes o en el maestro de Escuela Dominical? Es frustrante cuando un joven dice: "Aquí ya no me alimentan espiritualmente". El discipulado tiene que ver con alimentarse uno mismo mientras aceptamos la responsabilidad de crecer en nuestra fe. Jesús pasó la mayor parte de su tiempo con 12 discípulos. Quizá es tiempo de que pasemos más tiempo con menos personas.

El discipulado debe ser encarnacional

Jesús modeló un ministerio encarnacional y relacional.[2] Él buscó a la gente, vivió con ellos, se hizo carne, y habitó entre nosotros. Un modelo efectivo de discipulado es encarnacional, como el de Jesús. Buscamos hacer las mismas cosas que hizo Jesús al nosotros buscar a las personas con necesidades en vez de esperar que ellos nos encuentren a nosotros. Las relaciones son claves para discipular a jóvenes. En el ministerio de jóvenes hablamos de "ganar el derecho de ser escuchados" cuando trabajamos con ellos. Esto significa que debemos invertir suficiente tiempo con los jóvenes para derribar las paredes del escepticismo y la desconfianza. Entonces, los jóvenes nos conocerán como adultos que estamos comprometidos por su bienestar a largo plazo. No vamos a permitir que ellos nos ahuyenten. Este aspecto del discipulado requiere tiempo, valor y una inversión relacional.

El discipulado debe ser intergeneracional

Discipular efectivamente a un joven incluye un componente intergeneracional. Hogares destruidos y una familia extendida disgregada tienen un impacto real y devastador en los jóvenes de hoy. Los jóvenes pasan muy poco tiempo con personas de otras generaciones y descubren las verdades por medio de sus compañeros en vez de adultos. Los adultos tienden a salirse del medio de los jóvenes. Pero, ¿qué tal si implementamos la idea antigua de amigos secretos o amigos públicos? Puede ser una estrategia intencional para cultivar relaciones entre generaciones.

Mientras mi esposa y yo estábamos a 18 horas de distancia de nuestras familias, un matrimonio de abuelos, cuyos nombres

---

[2] Ver Isaías 7:14; Juan 1:1,14.

eran Tom y Peggy Howe, transformaron uno de sus cuartos en una guardería para nuestra primera niña. A Tom y Peggy les encantaba ser abuelos substitutos para nuestra hija. Mi esposa y yo apreciamos profundamente este apoyo relacional.

Como cristianos, podemos y debemos ver la iglesia como una familia donde se motivan y cultivan las relaciones intergeneracionales intencionalmente. Pero, ¿podríamos ir más allá de la idea de que el ministerio de jóvenes es un ministerio desconectado de la iglesia local y, por lo tanto, se dan guerras intergeneracionales? Es esencial incorporar el ministerio de jóvenes como algo central a la vida de la iglesia.

Crear un ministerio de jóvenes *integral, atractivo, intencional, encarnacional e intergeneracional* nos ayudará a discipular a una generación de jóvenes que discipulará a generaciones futuras. ¡Este es nuestro momento para insertar este concepto en el ADN de nuestros ministerios de jóvenes!

HACIENDO DISCÍPULOS POR MEDIO DE LOS MINISTERIOS PARA LA FAMILIA
—LARRY MORRIS

Las relaciones interpersonales sanas crecen sobre la base sólida de familias saludables. Las relaciones desarrolladas y formadas dentro de nuestras familias moldean profundamente la cultura en la que vivimos. El fortalecimiento del modelo de discipulado de la familia fortalecerá el hogar, la iglesia y la comunidad. Larry Morris, Director de los Ministerios de Adultos en la Iglesia del Nazareno comprende la importancia de esa base en la familia para relaciones duraderas. Le pedí a Larry que nos ayude a obtener perspectiva sobre este componente esencial para hacer discípulos a la semejanza de Cristo. Larry escribe:

El sol tendría que haber caído del cielo antes que nuestra familia pasara por alto tener juntos los devocionales matutinos. Inmediatamente después del desayuno, nos reuníamos alrededor de la mesa o nos encontrábamos en la sala familiar para leer la Escritura, escuchar un devocional, y orar por las necesidades del día. La lluvia, la nieve, el sol, o una experiencia cercana a la muerte no podrían alterar el horario.

Estoy seguro que había días cuando el devocional cayó en oídos sordos. No todo el mundo funciona mejor en las mañanas. Sin embargo, el hábito de reunirnos juntos cada mañana antes que nos fuéramos por caminos separados para el trabajo, la escuela o el juego, nos dio un mensaje muy claro: encontrarnos con Dios era una prioridad. Él era una parte importante de quiénes éramos como familia. Ese mensaje quedó grabado.

¿Fue beneficioso para nuestra familia el altar familiar celebrado regularmente? Creo que ese depende de tu objetivo. Si tu objetivo era ver a tus niños comprometidos a Cristo, entonces el resultado fue excelente.

¿Qué es el discipulado en la familia?

El discipulado en la familia es mucho más que tener devocionales familiares regularmente, por lo muy bueno y significativo que eso es. El discipulado en la familia implica cualquier actitud, acción o la práctica regular que trae a una familia más cerca a Cristo. Tradicionalmente, esto ha implicado la oración juntos, la lectura de la Biblia en familia y el intercambio.

El discipulado en la familia es una experiencia compartida. Los devocionales en la familia son para las familias lo que los devocionales personales son al individuo. Y dado el estilo de aprendizaje de los niños, los devocionales en las familias y los actos participativos de obediencia son esenciales en el desarrollo de la fe de un niño.

Hay muchas maneras de ver o estudiar el discipulado en la familia. Para nuestros fines, miremos cinco prácticas que creo son esenciales al proceso del discipulado en las familias: Presencia, rendición de cuentas, perdón, oración y amor.

Presencia personal

El Rev. Eugene Rivers de Boston nunca ha olvidado el consejo que una vez recibió de un narcotraficante. El reverendo Rivers quiso encabezar un esfuerzo para limpiar su comunidad y ayudar a los niños cuyas vidas estaban siendo arruinadas por la adicción a las drogas, la violencia de pandillas y el desempleo. En un momento de inspiración, decidió preguntarles a los narcotraficantes locales su percepción. Con sus ropas elegantes y automóviles de lujo, ellos parecían ser los verdaderos héroes de los niños.

"Hombre, ¿por qué te perdimos para el bajo mundo?", le preguntó a un poderoso traficante de drogas. "¿Y por qué estamos perdiendo a otros niños con ustedes ahora mismo?"

La respuesta fue impresionante. El traficante lo miró fijamente a los ojos y le dijo: "¡Yo estoy allí, ustedes no! Cuándo los niños van a la escuela, yo estoy allí, ustedes no. Cuando el chico quiere a alguien mayor para hablar o sentirse seguro y fuerte, yo estoy allí, ustedes no. ¡Yo gano, ustedes pierden!"

El tiempo y la presencia son esenciales para un desarrollo espiritual en la familia, y son especialmente importantes para el desarrollo espiritual de niños. ¿Recuerdan el método educativo recomendado en Deuteronomio para enseñar las Escrituras a los niños?

"Y amarás a Jehová tu Dios de todo tu corazón, y de toda tu alma, y con todas tus fuerzas. Y estas palabras que yo te mando hoy, estarán sobre tu corazón; y las repetirás a tus hijos, y hablarás de ellas estando en tu casa, y andando por el camino, y al acostarte, y cuando te levantes. Y las atarás como una señal en tu mano, y estarán como frontales entre tus ojos; y las escribirás en los postes de tu casa, y en tus puertas" (Deuteronomio 6:5-9).

Los métodos educativos basados en la presencia y la participación son poderosos.

Ningún otro proceso moldea las vidas tan efectivamente. Honra lo que Dios ha aprobado como base para todas las relaciones, también es el patrón de Dios para sus relaciones con nosotros.

Hay elementos de riesgo y responsabilidad con alguien que está cerca de usted día tras día. La siguiente ilustración demuestra claramente la realidad que nuestras acciones son las mejores maestras y los niños son los mejores estudiantes.

Un padre estaba en su patio, tratando de encender su vieja cortadora de césped de 14 años. Luego de jalar repetidas veces el cordón hasta que las gotas de sudor bajaban por su rostro y caían en la cortadora de césped, aun así la máquina vieja no encendía. Frustrado, jaló con fuerza varias veces el cordón haciendo que el cordón caliente le rozara su brazo, quemándolo. Lleno de ira, el padre le dio una patada rápida y se fue indignado.

Mientras se calmaba y recobraba su compostura, el padre captó un vistazo fugaz de una escena familiar inquietante. Su hijo de dos años estaba jugando con su cortadora de césped de plástico, metódicamente siguiendo los pasos para encender su cortadora de césped de juguete. Luego, como si lo hubiera planeado, su hijito le dio una patada a la cortadora de césped y se fue indignado, de la misma manera que su padre había hecho.

La antigua canción de niños que dice, "cuidado los ojitos lo que miran", debe estar en el repertorio de canciones de cada padre. Los padres deben ver sus acciones y palabras a través de los ojos de un niño, porque el ejemplo personal es el mejor maestro. El siguiente poema de un autor desconocido señala el poder profundo de nuestra presencia personal y ejemplo:

Prefiero ver un sermón que escuchar uno un día cualquiera;

Me ayuda más que alguien camine conmigo que sólo me muestre el camino.

El ojo es mejor estudiante, más dispuesto que el oído;

El buen consejo confunde, pero el ejemplo siempre es claro,

Y mejor que todos los predicadores son los hombres que viven sus credos,

Pues ver un buen sermón en acción es lo que todos necesitamos.

Aprenderé rápidamente cómo hacerlo si me muestras cómo se hace;

Puedo ver tus manos en acción, pero tu lengua habla demasiado pronto.

Los discursos que compartes pueden ser muy sabios y verdaderos,

Pero mejor sería recibir tus lecciones observando tus hechos.

Puedo malentenderte a ti y el buen consejo que me das,

Pero no hay malentendido en como vives y actúas.

Cuando veo un acto de bondad, me motiva a ser bueno.

Cuando un hermano débil tropieza y un hombre fuerte se pone de pie a su lado sólo para ver si le puede ayudar,

Entonces el deseo crece fuertemente dentro de mí

Para ser tan grande y considerado como sé que un amigo debe ser.

Y todos los viajeros pueden constatar que los mejores guías hoy no son los que le dicen, sino los que nos muestran el camino.

Un buen hombre enseña a muchos; los hombres creen lo que ven.

Un acto de bondad visible vale más que el relato de cuarenta.

Quienes permanecen con hombres de honor aprenden a tener su honor en alto,

Pues la vida correcta habla un idioma que es claro.

Aunque un orador me puede impresionar con su elocuencia, digo,

Prefiero ver un sermón que escuchar uno un día cualquiera.

¡No hay sustituto! La presencia personal es esencial al discipulado en la familia.

Rendición de cuentas

Un segundo principio del discipulado en la familia es la rendición de cuentas. La familia, si las relaciones son amorosas y adecuadas, es donde nuestras actitudes y acciones son mejor conocidas y donde mejor nos pueden pedir cuentas.

Nunca olvidaré mi conversación con una joven adolescente que tontamente pasó una noche con sus amigos en una fiesta, cuando debiera haberse quedado con una amiga. El próximo día era un día de clases, así que llegó a la escuela levemente intoxicada. No fue algo muy sabio. Ella y sus amigas fueron enviadas a sus casas para enfrentar las consecuencias con sus padres.

Mi joven amiga esperaba una respuesta firme de sus padres, especialmente de su papá. Sin embargo, lo que recibió la devastó. Su padre, quien normalmente aplicaba una disciplina dura, le dijo que la estaba dejando libre para que ella hiciera como quisiera sin consecuencias de parte de él. Sus próximas palabras llegaron al corazón del asunto. "Sentí que mi padre se dio por vencido respecto a mí; ya no le importaba lo suficiente para hacerme responsable de mis acciones ante él. Merecía consecuencias por mis acciones, y mi padre se dio por vencido respecto a mí".

Pedirles cuentas a nuestros hijos respecto a sus acciones es una señal de amor. El escritor del libro de Hebreos deja esto muy claro.

"Hijo mío, no menosprecies la disciplina del Señor, Ni desmayes cuando eres reprendido por él; Porque el Señor al que ama, disciplina, Y azota a todo el que recibe por hijo. Si soportáis la disciplina, Dios os trata como a hijos; porque ¿qué hijo es aquel a quien el padre no disciplina? Pero si se os deja sin disciplina, de la cual todos han sido participantes, entonces sois bastardos, y no hijos. Por otra parte, tuvimos a nuestros padres terrenales que nos disciplinaban, y los venerábamos. ¿Por qué no obedeceremos mucho mejor al Padre de los espíritus, y viviremos? Y aquéllos, ciertamente por pocos días nos disciplinaban como a ellos les parecía, pero éste para lo que nos es provechoso, para que participemos de su santidad" (Hebreos 12:5-10).

Pedirle cuentas a alguien, o que se nos pidan cuentas a nosotros y crecer en este proceso es una señal de amor. Para que los cambios positivos sean realidad, es vitalmente importante tener una relación consistente con la persona a que le estamos pidiendo cuentas. Y no hay personas que nos ayudarán más a realizar esos cambios positivos que aquellos que más nos aman, nuestra familia, tanto biológica como cristiana.

Perdonar

En la práctica del discipulado, seguido de cerca a la rendición de cuentas está la práctica de perdonar. Cada relación familiar requerirá perdonar de vez en cuando. Viviendo físicamente tan cerca, luchando por los mismos recursos (baños, ropa, el último pedazo de pastel) aumenta la necesidad de perdonar.

Para la familia cristiana, el perdón es más que una técnica de sobrevivencia; es un mandato. Recordemos las palabras de Cristo: "Porque si perdonan a otros sus ofensas, también los perdonará a ustedes su Padre celestial. Pero si no perdonan a otros sus ofensas, tampoco su Padre les perdonará a ustedes las suyas" (Mateo 6:14-15 NVI).

Perdonar tiene un poder único. El poder de perdonar consiste en que sana y restaura las relaciones rotas o deterioradas, permitiéndole a ambas personas seguir hacia delante en armonía. La siguiente ilustración de Chi Chi Rodríguez, la leyenda del golf, nos comparte una historia de su padre y del poder del perdón:

> Cuando era niño, éramos tan pobres que el regalo más grande que recibí fue una canica. Pero éramos ricos de otras maneras y mi padre era mi héroe.

Un día mi padre agarró a uno de los muchachos vecinos tratando de robar unas bananas de una planta en el patio. Mandó al muchacho a su casa, pero hizo algo inesperado. Me dijo Chi Chi, búscame un machete. Una serie de escenas pasaron por la mente de Chi Chi, y ninguna buena. Luego el papá de Chi Chi subió a la planta y cortó un racimo de bananas y con Chi Chi a su lado, llevó las bananas al niño pobre y a su familia.

Este incidente nos provee un ejemplo poderoso de cómo la rendición de cuentas y el perdón pueden trabajar juntos para tratar la ofensa y la necesidad más profunda. El papá de Chi Chi confrontó al muchacho mientras estaba tratando de robar y luego reconoció la necesidad legítima detrás de la acción inapropiada del muchacho al llevarle a la familia bananas recién cortadas. Este acto de perdón restauró las relaciones entre las familias y les enseñó a ambos muchachos una lección poderosa sobre el perdón y cómo suplir la necesidad de otro. Chi Chi comparte que esta demostración poderosa de gracia y perdón ha quedado con él durante toda su vida.

En la práctica del discipulado, necesitamos unir la rendición de cuentas con el perdón. La rendición de cuentas sin perdón y restauración queda corta ante el llamado de Dios para nosotros como cristianos. ¡Somos llamados a perdonar como Dios nos ha perdonado a nosotros! Recordemos lo que el apóstol Pablo escribió:

> Y no contristéis al Espíritu Santo de Dios, con el cual fuisteis sellados para el día de la redención. Quítense de vosotros toda amargura, enojo, ira, gritería y maledicencia, y toda malicia. Antes sed benignos unos con otros, misericordiosos, perdonándoos unos a otros, como Dios también os perdonó a vosotros en Cristo (Efesios 4:30-32).

Oración

Presencia, rendir cuentas y perdonar son aspectos esenciales del discipulado y cruciales para el discipulado que se da en el hogar. Cada uno de estos aspectos de discipulado contribuye a proveer un ambiente donde los hijos pueden crecer para conocer y ser como Cristo. Este ambiente debe también incluir la nutrición de una relación genuina e íntima con Dios por medio de la oración. Es vital que a nuestros hijos le enseñemos a tener comunión con Dios a través de la alabanza, acción de gracias e intercesión. Mientras aprendemos a hacer de la oración una parte esencial y natural de nuestras vidas cotidianas, nuestra relación con Dios crece y se profundiza.

Cuando visitaba a mi tío Bob varios años atrás, le pregunté qué haría diferente si pudiera comenzar a vivir otra vez. Se detuvo por un minuto y respondió: "Oraría más". Fue una respuesta curiosa. Pensé que iba a hacer una lista de las cosas que hizo, de las palabras que no repetiría, o posibles decisiones que cambiaría si tuviera una segunda oportunidad. Pero él creyó que una vida de oración más profunda y apasionada hubiera hecho toda la diferencia.

Oliver Wendel Holmes, el muy bien conocido autor británico declaró: "Cuando la mente de una persona es ensanchada por una nueva idea, la mente nunca regresa a su dimensión original". Mi tío diría: "Cuando la mente de una persona es ensanchada por la oración nunca regresa a su dimensión original".

Creo que hay tres razones por lo cual esto es cierto:

1. Porque por medio de la oración somos trasladados a la presencia de Dios. Acerquémonos, pues, confiadamente al trono de la gracia (Hebreos 4:16).

2. Porque por medio de la oración rendimos cuentas: "Examíname, oh Dios, y conoce mi corazón…Y ve si hay en mí camino de perversidad, y guíame en el camino eterno" (Salmo 139:23-24).

3. Porque por medio de la oración podemos experimentar la guía amorosa de Dios. "Me guiará por sendas de justicia por amor de su nombre" (Salmo 23:3).

Amor

Hay un elemento esencial más del discipulado: el amor. El amor es el fundamento de todas las prácticas del discipulado. Por la relación cercana e íntima que existe entre el esposo y la esposa, padres e hijos, el amor juega un rol vital. Nuestros dolores más profundos y nuestros gozos más grandes vendrán de las relaciones que sostenemos con los miembros de la familia. Se debe tener mucho cuidado para asegurar que nuestras acciones son motivadas por el amor y no por intereses egoístas.

El amor es el gran nivelador en la vida y en la relación de discipulado. El amor a Dios y a la familia puede ayudar a sobrellevar condiciones que aplastarían al espíritu humano. El amor, ofrecido en las circunstancias más extremas, puede dar valor y esperanza donde no hay.

Un ejemplo de ese amor transformador es evidente en una carta escrita por Jordan, un niño de nueve años. Se le pidió a Jordan a escribir sobre su padre, pero él decidió escribir sobre su abuelo, por razones que serán obvias. Jordan escribe:

El papá en mi vida no es realmente mi papá, es mi abuelo. Pero para mí él ha sido como mi papá. Cuatro meses antes de nacer, mi papá verdadero dejó a mi mamá.

Mi abuelo manejó 644 kilómetros para buscar a mi mamá y a mí para llevarnos de regreso a Minnesota. Él cuidó de mi mamá hasta que nací. Cuando vine a casa del hospital, había una cuna que mi abuelo había hecho especialmente para mí. Algún día mis niños dormirán en esa cuna.

Cuando yo era bebé, lloraba mucho de noche. Mi abuelo me llevaba caminando alrededor de la mesa del comedor vez tras vez. Me mecía hasta que me dormía, él fue mi primer niñero. Ahora tengo nueve años y mi abuelo es mi mejor amigo. Juntos hacemos muchas cosas. Vamos al zoológico, a los museos y a los parques. Juntos vemos juegos de beisbol en la televisión y comemos bocadillos, solos nosotros dos.

Cuando tenía cuatro años, mi abuelo pasó el verano construyéndome una casa de juegos con un cajón grande de arena debajo. Me hizo un columpio de un neumático de automóvil. Muchas veces él me mece en el columpio. Me mece muy alto, sobre su cabeza.

Ahora pasa todo su tiempo libre construyendo nuevos cuartos en la casa para que mi mamá y yo podamos tener nuestro propio apartamento.

Me gusta vivir con mi abuelo y mi abuela. Vivimos en el campo con mucho espacio para jugar y volar cometas. Si no viviéramos en la casa de mi abuelo, viviríamos en un pequeño apartamento en el pueblo y no podría tener mi perro, mis dos gatos en la casa, mis gatos de la granja y mis hámsteres. A mi abuelo no le gustan mucho los gatos, pero me permite tener dos gatos en la casa, y compra mucha comida de gatos y alimenta a los gatos de la granja, aun cuando hace mucho frío.

Mi abuelo fue un niño explorador (Boy Scout), y ahora me ayuda como niño explorador pequeño. Me ayudó a construir mi carrito de madera y este verano irá conmigo a acampar. Le gusta contarme historias de cuando él, mi mamá y mi tío eran niños.

Mi abuelo es paciente. Cuando está ocupado construyendo cosas, siempre toma tiempo para colocar un clavo para que yo lo clave hasta el final. Luego de pasar todo el día cortando el césped de nuestro gran patio, está bien cansado, pero igual engancha mi carrito a la cortadora de césped y me lleva por todos lados.

Mi abuelo ama a Jesús y él quiere que yo también aprenda de Él. A veces la gente habla en la televisión respecto a los niños de familias con un solo padre. Yo no soy uno de ellos, pues tengo tres padres en mi familia. Espero que al crecer, mi abuelo me enseñe todo lo que sabe sobre la madera y primeros auxilios y todo lo demás que sabe. Mi abuelo no es mi padre, pero no lo cambiaría por todos los padres del mundo.

Nunca subestime el poder de su presencia, y nunca subestime la manera en que Dios contesta creativamente los deseos de un niño por medio de un abuelo amoroso.

El amor de Dios, invertido por medio de un padre, una madre, una hermana, un hermano u otros familiares, no solo puede cambiar una vida, sino que también puede dar un mejor futuro. Jordan tiene un futuro brillante, física y espiritualmente, gracias a un abuelo que lo amó sacrificialmente.

"Sobre todo, ámense los unos a los otros profundamente, porque el amor cubre multitud de pecados" (1 Pedro 4:8 NVI).

El discipulado en la familia es un peregrinaje para toda la vida con aquellos que Dios ha puesto cerca de usted. Si tal peregrinaje va a ser exitoso, requerirá participación regular en la vida de cada uno a un nivel más allá de la zona de comodidad. Requerirá una inversión de tiempo, energía y presencia. Requerirá tenacidad, resolución y determinación para seguir hasta el fin. Requerirá paciencia, misericordia, y bondad mientras compartimos misericordia y perdón. Requerirá un amor desprendido, benevolente y de autoentrega. Y finalmente, requerirá que recibamos a Dios como el huésped bienvenido de cada acción y evento.

Fui testigo de las vidas de mis padres que honraban a Dios. Soy bendecido por su presencia firme y segura, por sus expectativas buenas y concretas, por su perdón divino, por sus oraciones, y su amor inquebrantable. Oro para que mis hijos, por medio del amor de sus padres a Dios y entre sí, experimenten la misma vida.

HACIENDO DISCÍPULOS POR MEDIO DE SISTEMAS

—LARRY McKAIN

En febrero de 2007, la Junta General de Superintendentes dio a conocer la nueva declaración de misión para la iglesia: "Hacer discípulos semejantes a Cristo en las naciones". También preguntaron: "¿Quién te está discipulando a ti y a quién estás discipulando?"

Eso levanta algunas preguntas. ¿Qué significa hacer un discípulo semejante a Cristo? ¿Qué es un discípulo? Una definición para discípulo es simplemente: "Un seguidor de Jesús" (Mike Henderson, Making Disciples: One Conversation at a Time.

Un discipulador es alguien que intencionalmente ayuda a un amigo a seguir a Jesús. Expresándolo de otra manera: "Un discípulo sigue a Jesús, es como Jesús y hace discípulos de Él".[3] Un discípulo semejante a Cristo significa ser discipulado por Jesús y hacer a otros discípulos de Jesús que hacen lo mismo.

¿Qué tal si hemos estado haciendo discípulos, pero no nos hemos movido a ayudar a nuestros discípulos a hacer discípulos? ¿Necesitaríamos un sistema wesleyano que nos ayudara a capacitar a nuestra gente a ser discípulos que hacen discípulos?

El Dr. Larry McKain comenzó su peregrinaje de discipulado con su familia, quienes le influenciaron profundamente y que han

---

[3] Hal Perkins y yo elaboramos esta definición mientras escribíamos ideas en un pizarrón durante un receso en un retiro de discipulado.

contribuido significativamente a lo que él es hoy. Su experiencia de ser un discípulo semejante a Cristo es similar a muchos otros que se han criado en hogares piadosos. Considere las reflexiones del Dr. McKain sobre posibles sistemas que pudiera implementar en su iglesia y ministerios locales. El Dr. McKain escribe:

Fui bendecido durante mi niñez con una madre que oraba diariamente en voz alta por la salvación y el desarrollo espiritual de sus dos hijos. Mi formación cristiana anual incluía asistir a 12 ó 14 servicios de avivamientos, una semana de campamento de niños, luego otra semana en el campamento de jóvenes, y una semana de campamento en el estado de Iowa. Desde la edad de cinco años hasta los 28 años, nunca falté a estos eventos anuales. Como John Denney también testifica: "Soy el producto de las oraciones, influencia, esfuerzos, enseñanza y contacto directo de cientos de individuos piadosos que ayudaron a formarme". Por la dirección en que Dios ha guiado mi vida estoy altamente involucrado en edificar sistemas reproducibles. Por esta razón me siento guiado a relacionar mi experiencia de ser y hacer discípulos al tema: "Edificando sistemas wesleyanos de hacer discípulos".

Creo profundamente que nuestra manera de pensar hace toda la diferencia en nuestro mundo actual y en el mundo futuro. La manera en que pensamos está definida no por lo que decimos sino por lo que somos. Lo que finalmente llegamos a ser es determinado por cómo pensamos y actuamos. Hay un dicho que describe claramente cómo llegamos a ser quiénes somos: Siembra un pensamiento y cosecharás una acción. Siembra una acción y cosecharás un hábito. Siembra un hábito y cosecharás un carácter. Siembra un carácter y cosecharás un destino.

Cómo pensamos determina cómo actuamos. Cómo actuamos determina los hábitos que formamos. Los hábitos que formamos determinan el carácter que posemos. Nuestro carácter determina nuestro destino. Esto no es solo cierto para individuos sino también para iglesias. Esto es cierto respecto a distritos y denominaciones enteras. Nuestra misión de hacer discípulos semejantes a Cristo en las naciones requiere que nosotros como nazarenos construyamos nuevas maneras de pensar y actuar. El cumplimiento de nuestra misión a través de iglesias locales alrededor del mundo se hará realidad sólo en la medida que le ayudemos a individuos e iglesias locales a desarrollar nuevos y mejores hábitos. Los nuevos hábitos de individuos e iglesias nos llevan a cambios en nuestra semejanza a Cristo. La razón por la cual este es un asunto tan importante que necesitamos enfrentar es que nuestro destino como individuos, como iglesias y como denominación será determinado por nuestra capacidad de desarrollar nuevas maneras de pensar y nuevos hábitos en nuestros pastores y laicos.

La Gran Comisión de Cristo está viva y activa. Él nos llama a "ir y hacer discípulos" (Mateo 28:19). Jesús declara el proceso clara y simplemente: "Enseñándoles a obedecer todo lo que les he mandado" (v. 20).

La instrucción de Jesús infiere que nuestros esfuerzos de hacer discípulos deben ser intencionales, sistemáticos y anclados en la rendición de cuentas. Sin embargo, en muchas iglesias nazarenas hoy, la mayoría estaría de acuerdo que luchamos con falta de intencionalidad, de instrucción sistemática y con una rendición de cuentas débil.

Más allá del ministerio de Jesús, Juan Wesley nos ofrece uno de los modelos más destacado en la historia de la fe cristiana para hacer discípulos. Cuando Wesley vio que el sistema de parroquias de sus días frustraba el cumplimiento de la Gran Comisión, tuvo la valentía de declararle a la iglesia: "El mundo es mi parroquia". Dios usó a Juan Wesley para transformar a la Inglaterra del siglo XVIII porque Wesley invirtió toda una vida edificando y perfeccionando un sistema de hacer discípulos que fue culturalmente relevante y efectivo en hacer discípulos a la semejanza de Cristo.

Wesley también se dio cuenta que el movimiento metodista de hacer discípulos nunca impactaría las masas de Inglaterra y más allá, a menos que elaborara un sistema reproducible. La iglesia de sus días había desarrollado una dependencia grande en el uso de clérigos ordenados. Rápidamente, Wesley entendió que no había suficientes clérigos ordenados para lanzar y mantener el movimiento metodista, así que instintivamente comenzó a desarrollar un grupo de predicadores laicos. Cultivó fuertes relaciones personales con estos predicadores, inspiró sus corazones, escribió sus sermones y envió más de 650 predicadores laicos que revolucionaron su mundo.

George Whitefield y Juan Wesley fueron dos predicadores reconocidos que lideraron el avivamiento evangélico durante esa época. La opinión de la mayoría era que Whitefield fue el mejor predicador. Pero cuando murió Whitefield, no hubo grupos de discipulado. Él no estableció ninguna capacitación disciplinada o un sistema que le seguiría y que perpetuaría la obra de su vida. En contraste, pocos años después de la muerte de Wesley en 1781, ¡más personas fueron salvas, santificadas, capacitadas, discipuladas y enviadas a la misión que lo que Wesley jamás capacitó y envió durante su vida! ¿Cómo sucedió esto? Juan Wesley entendió la importancia de edificar un sistema relacional de hacer discípulos dentro del movimiento espiritual. Le recomiendo el Plan del Maestro liderado por Hal Perkins, Craig Rench y otros en los Estados Unidos como un sistema wesleyano y efectivo de hacer discípulos (Pueden conocer más sobre el Plan del Maestro en http://web.nazarene.org/site/PageServer?pagename=DisSum_Home_ES).

Mi asociación con Ministerios de Crecimiento (Growth Ministries), dirigido por el Dr. Charles Lake, ha sido muy efectiva como un sistema wesleyano de hacer discípulos. Otros sistemas de hacer discípulos han surgido y están surgiendo dentro de la Iglesia del Nazareno. Debemos regocijarnos. En vez de sentir un espíritu de competencia, debemos añorar y orar que los diversos sistemas se multipliquen 100 veces.

El problema que enfrentamos es que la mayoría de las iglesias nazarenas carecen de un sistema integrado de evangelismo y discipulado relacional como el que Wesley desarrolló en su tiempo y cultura. Estamos muy bien versados en la teología wesleyana pero casi en bancarrota respecto a nuestro entendimiento de los sistemas wesleyanos para hacer discípulos.

Hace más de 250 años, Juan Wesley desarrolló un sistema de hacer discípulos de tres grupos entretejidos dentro del metodismo. Los llamó (1) la sociedad, (2) la clase y (3) la banda. Una sociedad era como una pequeña congregación, pero no se podría ser miembro de una sociedad a menos que se hiciera el compromiso de asistir semanalmente a una reunión de clase. La clase, que se componía de 10 a 12 personas fue designada por Wesley para capacitar un creyente en su desarrollo hacia la piedad, compartiendo con el creyente lo que debiera evitar, qué buscar, y mostrar prácticas útiles, que Wesley consideraba como "medios de gracia". Ser líder de una clase fue el primer paso en el sistema de desarrollo de liderazgo de Wesley, que es similar al acercamiento usado en el Plan del Maestro hoy. El tercer grupo, la banda, era un grupo de discipulado cerrado. Las bandas altamente relacionales se caracterizaban por altos niveles de compromiso y de rendición de cuentas. El Plan del Maestro de grupos cerrados desarrollados y usados alrededor del mundo hoy es similar a la herramienta efectiva de Wesley.

Si vamos a ser realmente wesleyanos en espíritu y práctica, debemos imitar el pensamiento de Wesley, sus actitudes y la edificación de un sistema. Wesley fue pragmático, al igual que su hermano Carlos. Ellos estuvieron dispuestos a probar lo que fuera que le ayudara a alimentar su movimiento metodista de hacer discípulos. Carlos era un músico refinado más orientado a la iglesia con tradición solemne en la adoración, pero él descartó sus preferencias y escogió escribir himnos al ritmo de canciones de cantina en Inglaterra. Consecuente con esta línea de hacer discípulos, Wesley le decía a sus predicadores laicos: "Prediquen en la mayor cantidad de lugares que puedan. Inicien la mayor cantidad posible de clases que puedan. Pero no prediquen sin comenzar nuevas clases".

En la medida que aprendamos a colaborar con el Espíritu Santo en la elaboración y en la entrega de sistemas wesleyanos de hacer discípulos, ¿veremos nosotros un cambio a largo plazo en los hábitos y carácter de los nazarenos alrededor del mundo? Es sólo en el desarrollo de nuevas maneras de pensar y nuevas acciones como denominación que cumpliremos nuestra misión de hacer discípulos semejantes a Cristo en las naciones.

Robert Coleman escribió su libro ampliamente vendido, *El El Plan Maestro de la Evangelización*, en 1963. Luego, en los años 80, Coleman viajó a Sudamérica donde enseñó un seminario de una semana en la Misión Carismática International en Bogotá, Colombia. Según su opinión, el movimiento mundial del G-12 ha surgido de la adaptación de los principios wesleyanos. Más de 30,000 iglesias en 125 denominaciones diferentes, mayormente iglesias carismáticas (incluyendo 3,000 iglesias en Norte América), usan ahora el modelo G-12 para hacer discípulos. Luego de estudiar este modelo, argumentamos que, aunque ha asumido una teología diferente que los hermano Wesley, es un esfuerzo genuino de contextualizar los sistemas relacionales de hacer discípulos de Wesley. Muchos de los sistemas actuales son similares a lo que Juan Wesley aprendió y practicó 250 años atrás.

Hal Perkins, hacedor de discípulos durante toda su vida, nos recuerda: "Cuando los pastores experimentan el componente relacional de ser "adoptado" (discipulado), ellos pueden seleccionar y adoptar sus discípulos a quienes ellos discipulan relacionalmente. Necesitamos ayudar a los que están construyendo sistemas de hacer discípulos para que ellos sean discipuladores.

Se requiere más que meramente un administrador o incluso un 'discipulador de sistemas'. Discipular en la semejanza de Cristo, santidad, servicio, reproducción, etc., requiere relaciones. ´Pasar más tiempo con menos personas es esencial´".

A través de mi asociación con el Dr. Charles Lake, un principal consultor para New Church Specialties (NCS), quien también dirige Growth Ministries, he aprendido mucho sobre sistemas de hacer discípulos. Charles ha invertido más de 25 años desarrollando un sistema de hacer discípulos que utilizó al liderar la Iglesia Comunitaria en Greenwood, Indiana, EUA. Es una iglesia enraizada en la tradición wesleyana que ha crecido de un puñado de personas a más de 1,650 personas. Treinta y dos congregaciones nuevas han nacido de esta iglesia madre, algunas de ellas son grandes. Los Ministerios de Crecimiento (Growth Ministries) como un sistema de hacer discípulos ha sido adoptado tanto por la Iglesia Evangélica Metodista como por el Ejército de Salvación como su sistema denominacional de hacer discípulos. Más de 800 iglesias usan este sistema en múltiples denominaciones en los Estados Unidos, en 255 congregaciones del Ejército de Salvación y en 53 iglesias nazarenas al igual que en numerosas iglesias de múltiples idiomas alrededor del mundo.

A partir de toda una vida de hacer discípulos, Charles Lakes escribe: "*El modus operanti* de la mayoría de las iglesias es creer que si los creyentes asisten regularmente al culto de adoración y participan en un grupo pequeño o en una clase de Escuela Dominical, van a crecer automáticamente. Esto no ha desarrollado, mayormente, discípulos en el pasado y no está funcionando ahora.

Un grupo pequeño es efectivo solamente cuando el proceso de hacer discípulos es intencional, sistemático y acompañado con la rendición de cuentas. Los discípulos deben aprender a practicar las disciplinas básicas de su fe enseñadas en la Palabra de Dios. Ellos necesitan aprender y practicar los valores cristianos enseñados por Jesús. Un sistema de rendición de cuentas es necesario para maximizar su crecimiento. Todo esto debe ocurrir dentro de una comunidad de fe con relaciones interpersonales sólidas. El objetivo primordial debe ser desarrollar el carácter cristiano y ser semejante a Cristo en su conducta". Charles Lake sostiene que la misión de hacer discípulos semejantes a Cristo en las naciones sólo puede ocurrir con el desarrollo y puesta en marcha de un sistema wesleyano de hacer discípulos.

En el Nuevo Testamento, el apóstol Pablo, entendió la necesidad de un sistema de capacitación. En 1 Timoteo 4:7, Pablo dice *"Ejercítate para la piedad"*. La palabra ejercítate es de donde sale nuestra palabra en español para gimnasia o gimnasio. Pablo continúa usando el ejemplo del "entrenamiento físico" en el versículo ocho cuando le dice a Timoteo: "El ejercicio físico trae algún provecho" (NVI).

Cada año la gente en los Estados Unidos alcanza su potencial físico pleno por medio del entrenamiento y acondicionamiento. Algunas personas nos muestran lo que el cuerpo físico puede hacer. Ellos se han dedicado a desarrollar un cuerpo olímpico. Todos los hábitos de sus vidas, lo que comen, cómo hacen ejercicios, cómo descansan, y su rutina diaria están dedicados a esta tarea. Cuando la gente los mira dice: "Eso es lo que una persona deportista, en este evento, puede llegar a ser. No sabía que era posible". Tenemos una palabra para estas personas. Les llamamos atletas olímpicos.

Las Olimpiadas comenzaron en Grecia en el año 776 a.C. Ellas ya eran parte de la historia de Grecia por cientos de años cuando Pablo escribió su Primera Carta a los Corintios. Los corintios podían ver a los corredores en sus mentes cuando leyeron las palabras de Pablo: "¿No saben que en una carrera todos los corredores compiten, pero sólo uno obtiene el premio? Corran, pues, de tal modo que lo obtengan. Todos los deportistas se entrenan con mucha disciplina" (1 Corintios 9:24-25 NVI).

El punto que Pablo hace implica que debemos enseñarles a los nazarenos alrededor del mundo que no existe la semejanza a Cristo instantánea. Pablo le dijo a Timoteo que la piedad se logra por medio de la disciplina y el entrenamiento. Practicando las disciplinas espirituales diariamente, hábitos que incluyen un tiempo a solas, memorización de las Escrituras, oración, testimonio y servicio, exponen a los creyentes a los medios de gracia, como los llamó Wesley, a través de los cuales el Espíritu Santo obra para transformar y madurar nuestro carácter. Es la obediencia a la Palabra de Dios aplicada a nuestras vidas diarias el medio por el cual Dios hace discípulos semejantes a Cristo. Hacer discípulos a la semejanza de Cristo no se dará sin una práctica sistemática de las disciplinas espirituales. Esta es la única manera que ocurrirá la transformación genuina en las vidas de las personas.

La metáfora de Pablo ilustra la distinción crítica entre una persona tratando de hacer algo y una persona entrenada para hacer algo. El principio bíblico que Pablo utiliza es fundamental en todas las áreas de la vida humana. Hay una gran diferencia en los resultados de personas que están tratando y las que están entrenadas. Las personas se frustran espiritualmente si intentan usando su fuerza de voluntad para hacer algo que, de hecho, sólo es posible a aquellos que han se entrenan. ¿Cuántas veces tenemos personas saliendo de nuestros cultos de adoración entusiasmadas y dispuestas al cambio? Ellas han hecho un compromiso santificado con Cristo. Creemos y enseñamos que Él ha limpiado su espíritu y las ha llenado con su Espíritu. Ellas están determinadas a ser diferentes: "Esta vez", dicen ellas: "va en serio. Voy a ser la persona que Dios quiere que sea. Voy a cambiar mis actitudes, mis reacciones y mis respuestas". Sus intenciones son buenas, pero por cuanto están en una iglesia local que no tiene un sistema de hacer discípulos, su peregrinaje hacia la piedad a menudo se estanca y su madurez a la semejanza de Cristo no se desarrolla. Se quedan como enanos espirituales.

Miles de nazarenos maravillosos llenos de buenas intenciones se esfuerzan fuertemente. Semana tras semana, pastores con buenos deseos les dicen a ellos lo que deben hacer, pero parece que no maduran en los hábitos de sus vidas diarias. ¿Será porque no les hemos dado un sistema wesleyano para entrenarlos para la piedad? Si somos serios respecto a hacer discípulos semejantes a Cristo en las naciones, necesitamos organizar nuestras vidas alrededor de actividades y entrenamiento en las prácticas de las disciplinas espirituales.

Si usted ya vive consistentemente como Jesús, si usted se encuentra sin falta desbordando el fruto de amor, gozo, paz, paciencia, mansedumbre, bondad y más, en todas sus relaciones; si a usted le han enseñado a obedecer todo lo que Jesús mandó, no necesita un sistema de hacer discípulos. Pero si usted es como el resto de nosotros, usted necesita ayuda de la iglesia de Cristo para desarrollar actividades en su vida que le entrenarán para ser piadoso. Tales actividades transforman. Por favor, entienda que nuestra actividad no transforma. Dios Padre, Hijo y Espíritu Santo es quien nos transforma. Pero nuestra actividad espiritual (la práctica de las disciplinas espirituales, intencionales, sistemática y con rendición de cuentas) es lo que Dios usa para ponernos en la posición en que Dios puede trabajar en nosotros. Donde podemos hacer, por medio del entrenamiento, lo que nunca podemos hacer simplemente intentándolo.

Los Ministerios de Crecimiento (Growth Ministries), desarrollados por el Dr. Charles Lake y el Plan del Maestro, implementado por la Iglesia del Nazareno en Cali, Colombia, son dos grandes sistemas, pero, sin lugar a dudas, no son los únicos sistemas de hacer discípulos que tenemos como nazarenos. Hay otros buenos modelos que están surgiendo.

En este momento coyuntural en la historia de nuestra denominación, estamos listos y en posición, al igual que una nave espacial gigante en la plataforma de despegue experimentando la cuenta regresiva. Dios está en el proceso de reunir todos los recursos necesarios para impulsarnos de nuestra posición presente a una nueva órbita, hacia una nueva estratosfera de hacer discípulos globalmente.

Los superintendentes generales han comunicado el enfoque de nuestro futuro. El mandato de Jesús es claro. Lo que necesitamos es el combustible para nuestro despegue hacia la órbita. Juntos estamos posicionados y listos a impulsarnos hacia el siglo XXI en un avivamiento de hacer discípulos. La pregunta es, ¿quiénes son las personas que impulsarán la iglesia hacia su futuro? ¿Quién apretará el botón? ¿Quién liderará la responsabilidad? ¿Quién lanzarán la nave?

La respuesta no es sólo a nuestros superintendentes, a nuestras instituciones o al personal de la sede, aunque tenemos las mejores del mundo. El futuro del avivamiento de hacer discípulos en el siglo XXI está en las manos del nuevo ejército de cristianos fervientemente comprometidos a desarrollar un sistema wesleyano de hacer discípulos en sus iglesias locales. Necesitamos varios sistemas efectivos. Lo que funciona en un lugar quizá no sea productivo en otro. Un acercamiento de multisistemas nos dará la capacidad de adaptarnos nuestra diversidad de estilo de liderazgo entre los pastores. Pero no nos equivoquemos, el cohete está listo. El despegue está a unos momentos. ¿Apretará su iglesia local el botón? ¿Enfatizará hacer discípulos semejantes a Cristo?

MÁS ALLÁ DE LO CASUAL: SER UN DISCÍPULO SEMEJANTE A CRISTO

—WOODIE J. STEVENS

La declaración de misión confronta a cada congregación nazarena. Nos obliga a preguntarnos cómo lo que estamos haciendo se relaciona con nuestra razón de ser. Si lo que hacemos no está directamente relacionado con nuestra misión, entonces debemos preguntarnos si debemos estar haciendo algo diferente. Si nuestros programas y actividades no están produciendo discípulos semejantes a Cristo, entonces tenemos que preguntarnos qué misiones debemos realizar que sí nos ayudarían a lograrlo.

¿Se beneficiaría su iglesia de un sistema wesleyano de discipulado de relaciones saturadas del Espíritu que intencionalmente sigan a Jesús y ayuden a otros a seguirlo?

Es nuestra misión santa. Es el futuro preferido de cada nazareno y cada Iglesia del Nazareno *hacer discípulos semejantes a Cristo en las naciones.*

La primer orden del día en la producción de discípulos semejantes a Cristo es que realmente sean discípulos semejantes a Cristo. Nuestra herencia de santidad nos ayuda a entender que debemos ser como Cristo (1 Juan 4:17). La obra santificadora del Espíritu Santo nos capacita para vivir a la semejanza de Cristo. La vida de un discípulo a la semejanza de Cristo comienza confiando en fe. Con dolor y santo arrepentimiento por nuestras acciones que conducen a la muerte, nos volvemos de nuestra autojustificación injusta a la justicia de Cristo.

"Porque por gracia ustedes han sido salvados mediante la fe; esto no procede de ustedes, sino que es el regalo de Dios" (*Efesios 2:8*).

"De hecho, en ningún otro hay salvación, porque no hay bajo el cielo otro nombre dado a los hombres mediante el cual podamos ser salvos" (*Hechos 4:12*).

Jesús nos dio el método de hacer discípulos dentro del contexto de relaciones. El discipulado puede ser el desarrollo de vida a vida, uno a uno a la semejanza de Cristo. El discipulado efectivo, a menudo, se nutre en un grupo pequeño cuyos miembros comparten niveles altos de intimidad espiritual y rendición de cuentas. Sin embargo, hacer discípulos es un proceso mucho más dinámico que lo que ocurre en una relación de discipulado de uno a uno o en un grupo pequeño.

John Denny afirma que la intención de Jesús para sus discípulos era que ellos formaran grupos de apoyo y desarrollo mutuo. A esto lo llamamos el cuerpo de Cristo, la iglesia. Es en y por medio de la iglesia que los discípulos con diversos dones alcanzan a las personas perdidas. Desde una perspectiva bíblica, histórica y práctica, parece que la clave es desarrollar discípulos semejantes a Cristo por medio de la iglesia. No sólo debemos desarrollar relaciones cercanas con individuos, sino también sumergir a los nuevos creyentes en la vida plena de una congregación llena del Espíritu. Cada seguidor hace su parte para cumplir la Gran Comisión, y así edifica el Cuerpo.

Imagínese cuán vacío espiritualmente estaríamos sin la influencia de nuestros hermanos y hermanas de la iglesia. Somos formados espiritualmente a través de la influencia de una gran diversidad de relaciones orquestadas por el Espíritu Santo. Cuando los creyentes vivimos como miembros del cuerpo de Cristo, regularmente participamos en la adoración, predicación, compañerismo, oración, llevando las cargas unos a otros, sirviendo y compartiendo nuestra fe.

No hay tal cosa como un cristiano independiente. Somos miembros del cuerpo de Cristo y somos responsables de ayudarnos unos a otros a crecer hacia la semejanza de Cristo. El apóstol Pablo lo dijo de esta manera:

"Él mismo constituyó a unos, apóstoles; a otros, profetas; a otros, evangelistas; y a otros, pastores y maestros, a fin de capacitar al pueblo de Dios para la obra de servicio, para edificar el cuerpo de Cristo" (*Efesios 4:11-12*).

La madurez espiritual siempre viene por medio de la vida del Cuerpo de Cristo. Los líderes fieles de la iglesia se preocupan por desarrollar los sistemas necesarios para enriquecer todas las facetas importantes del Cuerpo. Una iglesia hacedora de discípulos ayuda a los nuevos cristianos a conectarse inmediatamente con varios puntos de entrada en la vida de la iglesia. De esta manera, el nuevo creyente no solo es discipulado, sino que rápidamente aprende a ejercer influencia espiritual sobre sus amigos inconversos y su familia. En otras palabras, que desde el comienzo, el nuevo discípulo puede decir: "Síganme a mí como yo sigo a Cristo".

Tarde o temprano, cada creyente nacido de nuevo tiene que tratar con lo que significa vivir como un fiel y fructífero discípulo de Jesús. Las fuertes palabras de Jesús fluyen en contra de nuestras inclinaciones naturales:

"Si alguien quiere ser mi discípulo, que se niegue a sí mismo, lleve su cruz cada día y me siga" (*Lucas 9:23*).

"Y el que no carga su cruz y me sigue, no puede ser mi discípulo" (*Lucas 14:27*).

"De la misma manera, cualquiera de ustedes que no renuncie a todos sus bienes, no puede ser mi discípulo" (*Lucas 14:33*).

En estos tres versículos, Jesús nos deja saber que seguirle a Él no es un asunto superficial. Él quiere asegurarse que nosotros sepamos que los discípulos semejantes a Cristo mantienen ciertas prioridades. John Denney sugiere ocho prioridades para un discípulo semejante a Cristo. Estas prioridades incluyen, pero no se limitan, a las siguientes descripciones:

1. Un discípulo semejante a Cristo tiene una pasión profunda y sincera de seguir a Jesús, para llegar a ser como Él en su carácter espiritual y producir el fruto del Espíritu.

2. Un discípulo semejante a Cristo se dedica, intencionalmente, a estar con Cristo y ser enseñado por Él. Esto significa tomar tiempo a diario en la Palabra de Dios y en oración.

3. Un discípulo semejante a Cristo dedica todo para la causa. Eso incluye todas sus posesiones y todo lo que él o ella es. Es la mayordomía personal.

4. Un discípulo semejante a Cristo vive en dependencia del poder de Cristo para cumplir con la obediencia a sus mandamientos y su voluntad para la vida diaria.

5. Un discípulo semejante a Cristo vive una experiencia diaria con el Espíritu Santo, quien le santifica y le da poder para la obra del ministerio, incluyendo cumplir la Gran Comisión y el Gran Mandamiento.

6. Un discípulo semejante a Cristo busca desarrollar sus dones espirituales para mayor efectividad en la edificación de la iglesia, el cuerpo de Cristo.

7. Un discípulo semejante a Cristo manifiesta un espíritu humilde de servicio que es fácil de enseñar y es transparente ante otros, tanto creyentes y no creyentes.

8. Un discípulo semejante a Cristo está comprometido con el cuerpo de Cristo, cultivando relaciones santas (saludables) y relaciones de rendición de cuentas mutuas para el crecimiento espiritual y para dar frutos en el ministerio.

MÁS ALLÁ DE LA MEMBRESÍA AL DISCIPULADO
—WOODIE J. STEVENS

Nuestros líderes nos llaman a movernos más allá de la membresía al discipulado. Tendemos a pensar que un buen miembro de la iglesia es uno que asiste regularmente a los cultos de la iglesia y apoya fielmente el ministerio con sus diezmos y ofrendas. ¿Pero qué tal si hacemos todo esto y aún no somos obedientes a la Gran Comisión? Movernos más allá de la membresía al discipulado significa que cada miembro está siendo discipulado y está intencionalmente discipulando a otra persona.

¿Qué tal si este es el plan de Dios para alcanzar a todas las naciones? ¿Qué tal si la intención de Jesús es que nos enfoquemos en unas pocas relaciones cercanas de discipulado? En vez de tratar de ganar el mundo entero, la misión de cada seguidor es discipular, intencionalmente, uno o tres o doce, quienes a su vez, cada uno de ellos, intencionalmente, discipulan uno o tres o doce, quienes a su vez discipulan a otros así como ellos fueron discipulados. ¿Pueden ver el impacto potencial de desarrollar intencionalmente relaciones de discipulado? ¿Qué sucedería en su vida si a propósito dedica más tiempo con menos personas, para intencionalmente hacer discípulos?

Obviamente, esto significa que algo tiene que cambiar. Hace varios meses, un Viernes Santo asistí a una obra de la pasión, presentada por una iglesia local. Observé la personificación de Jesús interactuando con sus 12 discípulos. Podías notar que los discípulos se llevaban bien; ellos disfrutaban el estar el uno con el otro. Trabajaban juntos, jugaban juntos y oraban juntos. Jesús conocía a cada uno de ellos muy bien. Conocía sus esperanzas, sueños y ambiciones. Él conocía sus motivaciones, miedos y sus anhelos secretos.

¿Qué tipo de inversión de tiempo de Jesús requirió esto?¿Cuánto de su vida consumieron los Doce? Imagínese conociendo a otras 12 personas tan bien que usted sabe cómo orar por ellos, incluso por sus necesidades más profundas. ¿Cómo los dirigió Jesús precisamente en el área del crecimiento que necesitaban? Imagínese discipulando 12 hombres o mujeres. Imagínese estar tan cerca a esos 12 que usted los haría responsables no sólo por sus vidas diarias, sino por sus vidas interiores. Usted los podría ayudar a seguir a Jesús en su semejanza.

¿Considera difícil imaginar esa clase de relación cercana con otras 12 personas? ¿Entonces, qué tal si discipula a tres, incluso a uno? ¿Qué le costaría esa clase de relación? ¿Qué ajustes en su vida requeriría eso? ¿Será posible que muchos seguidores de Jesús hayan llenado sus vidas con tantas cosas que no hay tiempo para una relación de discipulado íntima con alguien? La cultura nos preguntaba: "¿Cómo vamos a pagar por ello?" Ahora la pregunta es: "¿Cómo encontraremos el tiempo?" Vivir en conformidad con la Gran Comisión puede significar un cambio importante en nuestras prioridades, valores y estilos de vida. Puede significar que los discípulos de Jesús vayan realmente en contra de sus propias prioridades y valores culturales.

Preguntarnos a nosotros mismos quién nos está discipulando y a quién estamos discipulando, nos lleva al involucramiento personal en las vidas espirituales de aquellos a quienes Dios trae a nosotros. Obviamente, los más cercanos a nosotros son los miembros de la familia, cónyuges, hijos, padres y hermanos.

¿Puede imaginarse ayudando intencionalmente a su esposa o esposo a seguir a Jesús? ¿Puede imaginarse moldeando intencionalmente a su familia como una unidad de discipulado? ¿No debemos estar discipulando a los más cercanos a nosotros?

Cuando me hice esa pregunta por primera vez, pensé: *Esa es una pregunta justa. ¿Nos hará Jesús esta pregunta?* ¿En el día que demos cuentas de nuestra mayordomía, saldrá a relucir este asunto? ¿Incluirá mi historia un informe de cómo llevé a cabo la misión asignada?

¿Quién le está discipulando a usted, y a quién está usted discipulando? Podemos hacernos la pregunta de otras maneras. Podríamos preguntar: ¿Quién le enseña a usted y a quién está usted enseñando? ¿Quién es su mentor, y de quién es usted mentor? ¿Quién es su entrenador, y a quién está usted entrenando? Es verdad que todos nosotros aprendemos de alguien. Le puedo preguntar de quién está usted aprendiendo: ¿De Oprah? ¿De Jay Leno? ¿De Jesús?

Usted y yo estamos enseñando a alguien. El asunto no es sólo a quien enseñamos, sino también lo que enseñamos. Es posible que nuestra influencia personal sea más grande de lo que nos damos cuenta. Cuando Ruby enseñaba a las niñas de la clase de segundo grado, ¿cree usted que ella sabía cuán profundamente estaba influenciando a Cheryl Sherwood? Cuando usted piensa en los que le han influenciado significativamente, ¿piensa que ellos supieron el impacto que tenían en su vida? ¿Es posible que usted esté haciendo un impacto profundo en otros y no se dé cuenta?

Así como hemos aprendido de otros, otros aprenden de nosotros. Cada seguidor de Jesús modela la vida de Cristo a alguien. Más que los grandes sermones, las personas recordarán la vida del pastor. Más que las maravillosas lecciones que brotan del atril del maestro, los alumnos recordarán la vida del maestro. Las personas no recordarán las palabras que decimos tanto como recordarán los mensajes que vivimos.

¿Qué están aprendiendo los que viven cerca de nosotros? ¿Es posible que podamos ayudarles a seguir a Jesús a la vez que nosotros mismos estamos aprendiendo a seguirle a Él?

Quizá sea útil considerar la diferencia entre, enseñar, mentorear y entrenar. Un maestro imparte conocimiento, da información, instruye y demuestra. Un mentor es uno que ha estado donde usted está. Él o ella han ido antes que usted y conoce el camino y le puede guiar a través del laberinto. Un entrenador es uno que escoge las jugadas, construye estrategias y dirige a cada miembro del equipo. A veces un discipulador hace estas tres funciones. Enseñar, mentorear y entrenar son componentes válidos para hacer discípulos productivamente.

¿Qué sucedería si usted le pidiera al Señor que traiga dos o tres amigos que crucen su camino para discipularlos? Ustedes podrían ir a través de la vida juntos. Se podrían ayudar a discipularse uno al otro. Ustedes podrían hacerse preguntas difíciles uno al otro. Podrían servirse uno al otro y podrían apoyarse uno al otro. Ustedes podrían rendirse cuentas uno al otro para discipular a otros que a su vez, discipulan a otros.

¿Quién le está discipulando a usted, y a quién está usted discipulando?

MÁS ALLÁ DE UNO MISMO PARA APRENDER A SER SEMEJANTE A CRISTO

—CRAIG RENCH

Estamos enseñando a otros, ya sea que lo sepamos o no. Por lo tanto, es esencial que aprendamos de Jesús y lo sigamos. Esto es un asunto de todos los días que va más allá de lo que aprendemos en la Escuela Dominical. Craig Rench, un pastor veterano, tiene un corazón para hacer discípulos. Pero su primera pasión es ser un discípulo semejante a Cristo. Él ha descubierto algunos elementos esenciales para aprender de Jesús. Craig lo expresa de esta manera:

Mi pasión suprema en la vida es llegar a ser como Jesús. Quiero ser como mi héroe y Señor cada día. Anhelo ser como Jesús en santidad, pureza, amor, oración, fe, piedad y compasión.

Quiero pensar como Jesús piensa, comportarme como Jesús se comporta, hablar como Él, escuchar como Él, adorar como Él y orar como Él. Quiero amar como Él ama, perdonar como Él perdona. Anhelo ser como Él en todo.

Jesús es mi ejemplo y mi modelo. Quiero ser como Él en mi teología, práctica, guerra espiritual, en mi predicación y metodología.

Para mí, la vida de santidad se puede reducir a su esencia más pura y simple, en ser como Jesús. A final de cuentas, nada más importa. Ninguna cantidad de carisma, dones, trabajo duro o logros pueden substituir la falta de ser semejantes a Cristo en amor y vida (1 Corintios 13).

Jesús nos llama a sí mismo, nos salva y santifica para que podamos ser conformados a su imagen (Romanos 8:29). Nuestro Señor quiere que nos parezcamos y actuemos como Él. Jesús llamó a sus primeros discípulos a estar con Él, que aprendieran de Él y fueran llenos con su Espíritu de amor para que fueran como Él.

Es asombroso imaginar que sucedería si del 10 al 20 por ciento de la iglesia de Cristo realmente actuara todo el tiempo y en todo como Jesús. ¿Qué clase de poder en la oración generaría esta santidad de corazón? ¿Qué clase de fuerza de amor explotaría en la escena de nuestro mundo quebrantado y agonizante con este tipo de compasión semejante a Cristo? ¿Qué tipo de pasión por las almas y por las personas perdidas veríamos entre los laicos y el clero? ¿Qué clase de unción tendríamos entre nosotros que se demostraría en poder y fuerza?

Nuestro Señor nos está llamando a hacer discípulos semejantes a Cristo en las naciones.

De acuerdo a la Gran Comisión de Jesús, nuestra tarea es hacer discípulos semejantes a Cristo, que a su vez hacen a otros discípulos semejantes a Cristo, quienes realmente hacen todo lo que Él nos dijo que hagamos.

Enseñamos lo que sabemos, pero reproducimos lo que somos. No podemos esperar hacer discípulos si nosotros mismos no somos semejantes a Cristo. El llamado de nuestro Señor de hacer discípulos comienza contigo y conmigo y con nuestra propia semejanza a Cristo.

Si voy a guiar a otros a ser discípulos de Jesús, yo debo ser semejante a Cristo. Hacer discípulos requiere pureza personal, santidad y semejanza a Cristo.

El apóstol Pablo animó a sus discípulos a que lo imitaran a él como él imitaba a Cristo. Esa es la esencia de ser un discipulador.

Todo comienza con Jesús. Como Hal Perkins nos ha enseñado, Jesús fue "la persona más discipulada" de todos los tiempos. Jesús fue discipulado por su Abba Padre cada momento de su vida. Jesús a menudo decía que Él nunca decía o hacía algo que Él primero no hubiese oído del Padre o hubiese visto hacer al Padre.

Cada día, Jesús invirtió tiempo ininterrumpido con su Padre escuchando su voz. En un pasaje fuertemente mesiánico de Isaías, vemos cómo nuestro Señor iniciaba cada día:

> El Señor omnipotente me ha concedido tener una lengua instruida, para sostener con mi palabra al fatigado. Todas las mañanas me despierta, y también me despierta el oído, para que escuche como los discípulos. El Señor omnipotente me ha abierto los oídos, y no he sido rebelde ni me he vuelto atrás (Isaías 50:4-5).

Un discípulo, por definición, es un aprendiz disciplinado o un oidor que escucha a otro con disciplina. Jesús fue un discípulo de su amante Abba, su Papito, Padre celestial. Él se disciplinó para pasar tiempo con su Señor, Dios Todopoderoso, en íntimo compañerismo y dulce comunión. Él fue disciplinado, o discipulado, por el Dios vivo y Altísimo.

Jesús iniciaba sus días hablándole y escuchando la voz de su Padre de manera disciplinada y discipulada. Luego, momento tras momento durante cada ocupado día de su vida, Jesús fue mentoreado o discipulado por su Padre celestial.

Constantemente, Jesús estaba conectado con su Abba buscando dirección, clarificación, ánimo, instrucción y corrección.

Piénselo, Jesús nunca hizo algo, nunca dijo algo, sin antes pasarlo por su Padre. Si voy a ser como Jesús, necesito vivir de esta manera también.

Debo iniciar cada día pasando tiempo en su presencia, en el lugar santísimo, escuchando su corazón como un discípulo (aprendiz disciplinado u oidor disciplinado), su instrucción, su ánimo y su corrección a medida que Él me disciplina.

Es en esta intimidad que Él pone su corazón sobre el mío y yo capto su pasión y compasión por la gente perdida y quebrantada. Es aquí donde adquiero su perspectiva y sus prioridades. Es aquí donde Él me da su agenda para mi día. Es aquí donde Él me llena de nuevo con su Espíritu Santo y me ayuda a vivir, pensar, orar, reaccionar, actuar y amar como Jesús.

Es solo en intimidad con Jesús y siendo discipulado por Jesús que seré como Él. Esta es mi prioridad más alta y enfoque para cada día.

Si voy a ser un hacedor de discípulos semejantes a Cristo, necesito ser un discípulo de Jesús semejante a Cristo. No puedo alcanzar esto yendo a seminarios, conferencias, estudios bíblicos o cultos de adoración. Ser como Jesús ocurre sólo en la medida que le doy a Jesucristo, mi discipulador, tiempo y atención enfocada en sesiones de amor ininterrumpidas.

En mi tiempo a solas con Jesús llego, hablo y guardo silencio. Necesito llegar a la hora y al lugar que el Señor y yo hemos designado para estas sesiones diarias. Luego, necesito hablar y compartirle al Señor de mi amor por Él y decirle los detalles de mi vida. Necesito vaciar mi corazón delante de Él, y luego guardar silencio y dejar que Él susurre su amor en mi alma. Debo prestar atención como un aprendiz disciplinado y registrar lo que pienso que mi Señor y Maestro me está diciendo. Debo escuchar con cuidado y buscar su voluntad para mi día.

Debo cultivar el hábito de preguntarle a mi Señor momento a momento a lo largo de cada día. En innumerables ocasiones cada día debo detenerme y orar, pidiéndole al Señor cuál debe ser mi próximo paso. Luego escucho y obedezco. En una de mis sesiones de escucharle, Jesús me dijo que debía "detenerme y orar, escuchar y obedecer, hacer lo que digo, durante el día". Esto es lo que significa orar sin cesar.

Todavía no soy muy bueno en esto. Todavía estoy demasiado enfocado en mi agenda; tengo mis prioridades y mi propio itinerario ocupado. Pero Jesús, mi discipulador, mi entrenador, mi Señor, está trabajando en mí pacientemente ayudándome a cultivar un corazón que escucha. Es la meta de mi vida escuchar su voz mejor y obedecerle perfectamente. Quiero ser como Jesús.

Si voy a ser como Jesús, imitaré su estilo de constantemente consultar al Padre. Le preguntaré sobre los detalles de mi vida. Le permitiré continuamente que sea mi mentor en los minutos y minuciosidades de mi vida. ¿Qué es la vida sino una cadena de minutos y detalles pequeños? Si no incluyo a Jesús en los detalles de mi vida, no lo incluiré en mucho.

Ser como Jesús no es tan solo imitar su vida de oración y su estilo de vida de escuchar al Padre, es también imitar su metodología de hacer discípulos.

Muchos de nosotros hemos sido fieles a las enseñanzas del Señor y su moralidad, pero no hemos sido fieles en seguir su metodología de impactar al mundo para la eternidad.

El plan maestro de Jesús para cambiar al mundo fue simplemente este: Pasar más tiempo con unas pocas personas cuidadosamente seleccionadas para un impacto máximo y duradero.

Mi supuesto básico es que Jesús es el genio del universo, el más inteligente de todo el cosmos. Él es un Señor inteligente, eficiente y efectivo. Supo la mejor manera de alcanzar impacto máximo en el tiempo más corto posible. Sus formas, su metodología y sus patrones serán inmensurablemente más grandes de lo que cualquier persona puede hacer. Jesús simplemente sabe lo que es mejor. Sus caminos son mejores; su plan es mejor. Su metodología es mejor, en muchos niveles.

Jesús pudo haber hecho la labor de pasar sus valores y prioridades de otras maneras. Pudo haber realizado "un seminario" por tres años consecutivos, día y noche, y dado conferencias a miles a la vez en una gran escuela bíblica. Pudiera haber escrito rollos y poner a los escribas a copiarlos y leerlos a miles y más personas. Pudiera haber usado un sinnúmero de métodos.

Pero al ser entrenado y discipulado por su Padre, Jesús escogió un simple concepto que era más infinitamente poderoso y personal y que tenía el potencial de literalmente conquistar al mundo por medio de la multiplicación.

Él le predicaba a miles. Él sanaba compasivamente a muchos que venían a Él. Le contestaba preguntas a quienes se acercaban para hacérselas. Pero su estrategia suprema fue esperar en el Padre, orando y escuchando. Luego, impulsado por el Padre, cuidadosamente y en oración invitó a 12 hombres a ser parte de su círculo íntimo.

Estos 12 vivieron con Él, le escucharon, aprendieron de Él y le hicieron preguntas. Jesús personalmente los capacitó en la vida y en el ministerio.

Ellos pudieron captar el palpitar de su corazón en todo. Aprendían de Él pasando tiempo con Él. Jesús les servía y los amaba. Jesús los disciplinaba y los corregía. Él los escuchaba y los cuestionaba al realizar sus primeros intentos en el ministerio. Jesús les ayudaba a analizar sus primeras incursiones en el mundo, juntos discutían lo ocurrido cuando intentaban ministrar en su nombre.

Constantemente Jesús salpicaba con preguntas dirigidas a abrir sus corazones y hacerles ver su interior, el estado de su fe y su alma. Con amor y paciencia, Él los entrenaba, los escuchaba, los instruía y los ayudaba a descubrir por ellos mismos su verdad, su camino y su vida. Ellos llegaron a ser más y más como Él. Comenzaban a pensar como Él, actuar como Él, hablar como Él y orar como Él.

Luego, en Mateo 28, les dijo que fueran e hicieran con otros lo que Él acaba de hacer con ellos, hacer discípulos. Jesús ya lo había modelado para ellos; ellos sabían lo que tenían que hacer por su ejemplo. Ellos hicieron discípulos, que a su vez, hicieron discípulos.

Uno de esos nuevos discípulos fue un hombre llamado Bernabé. Este gran y piadoso hombre un día haría un discípulo él mismo, un hombre que anteriormente era llamado Saulo de Tarso. Lo conocemos mejor por el nombre del apóstol Pablo. Bernabé amaba a su discípulo y lo ayudó en sus primeros intentos en el ministerio. Bernabé lo defendió y tomó riesgos para apoyarlo. Bernabé abrió las puertas del ministerio para Pablo y le mostró a Pablo el estilo de Jesús de hacer discípulos: Pasar más tiempo con unas pocas personas cuidadosamente escogidas para un impacto máximo y duradero.

Pablo lo captó rápidamente. Repetidas veces, Pablo vertió su vida en algunos pocos cuidadosamente escogidos. Pablo discipuló a Timoteo, Tito, Epafrodito, Epafras, Silas y muchos otros que son mencionados en las Escrituras.

En Éfeso, de acuerdo a Hechos 19:7-10, Pablo se encontró con 12 hombres y les presentó a Jesús y al Espíritu Santo. La Palabra declara que Pablo tomó aparte a algunos discípulos e invirtió los siguientes dos años discipulándolos diariamente. El versículo 10 relata los resultados de este intensivo de dos años:

> Esto continuó por espacio de dos años, de modo que todos los judíos y los griegos que vivían en la provincia de Asia llegaron a escuchar la palabra del Señor (Hechos 19:10).

Pablo se enfocó en unos pocos. Él los discipuló y llegaron a ser aprendices disciplinados de Jesús. Ellos, a su vez, hicieron más discípulos hasta que toda Asia escuchó de Jesús y su evangelio.

Es el plan del Maestro. Planea invadir todo el mundo con su amor y gracia. Jesús se enfocó en unos pocos, y cada uno de los pocos se enfocó en otros pocos. El milagro de la multiplicación exponencial diseminó el evangelio a lo largo del mundo mediterráneo y más allá.

La Gran Comisión no ha cambiado en 2,000 años. El mandato y llamado de Jesús permanece vigente hoy. Debemos continuar haciendo discípulos que hacen discípulos.

Jesús dijo que Él edificaría su iglesia. Dijo que era nuestra tarea hacer discípulos de los nuevos convertidos que Él creó por su gracia. Recientemente he escuchado que estamos tan ocupados tratando de hacer el trabajo de Jesús (edificar la iglesia) que no nos queda tiempo ni energía para hacer nuestro trabajo. Nuestra tarea es hacer discípulos semejantes a Cristo que hacen todo lo que Jesús mandó.

Jesús me ha llamado a hacer discípulos que hacen discípulos. Cuando fui pastor en una iglesia por 15 años, me enfoqué en discipular a 12 hombres. Me reunía con ellos semanalmente en grupos de uno a uno o uno con dos. Orábamos unos por los otros y nos rendíamos cuentas unos a otros. Compartíamos lo que Jesús nos estaba enseñando individualmente durante nuestro tiempo a solas con Él. Nos animábamos unos a otros.

En la iglesia que ahora pastoreo, Jesús me ha dado siete hombres con los cuales me reúno semanalmente, ya sea individualmente o en contexto de uno con dos. También nos reunimos una vez a la semana como grupo durante el cual comparto lo que el Señor me está dando para ellos. Diariamente oramos unos por los otros en intercesión ferviente. Oramos unos por los otros en nuestra reunión semanal de grupo. Le estoy dando gracias a Dios por 12 hombres que caminarán conmigo y que me permitirán hablarles a sus corazones. Estoy orando que cada uno de estos 12 hombres algún día pueda discipular a 12 más.

Cada hombre es fiel, útil enseñable y fructífero. No fue fácil encontrarlos. Oré por tres años para que Dios me guiara en la selección de estos hombres. Bajo la dirección de Dios, formalmente los invité a mi grupo núcleo de 12. El Señor me ha dado a estos hombres para discipularlos a largo plazo.

Amo a estos hombres; me encanta servirles. Quiero ayudarlos a ser, por la gracia de Dios, los grandes y piadosos padres, esposos, líderes, discipuladores y guerreros de oración que Jesús quería que ellos fuesen cuando los creó.

Mi visión es hacer discípulos semejantes a Cristo en las naciones, comenzando con mi familia y luego con los 12 hombres que también discipularán 12 hombres más para la gloria de Dios y la salvación de almas.

Hay varias preguntas definidoras que enmarcan mi ministerio de hacer discípulos. Estas preguntas ayudan a enfocarme y reflejan mi éxito o fracaso en lo que Jesús me ha pedido que haga. A continuación esas preguntas:

1. ¿Cuántas de las personas que Dios me ha dado para pastorear realmente han llegado a ser discípulos semejantes a Cristo que hacen todo lo que Cristo mandó? (Nos humilla pensar en esto).

2. ¿Cuántas de las personas que Dios me ha dado para pastorear realmente han llegado a ser discípulos semejantes a Cristo que, a su vez, están haciendo otros discípulos semejantes a Cristo? (Menos del uno porciento de los cristianos en los Estados Unidos ayudan a alguien a ser un discípulo que, a su vez, ayuda a otra persona a ser un discípulo).

3. Si en los próximos cinco años, hago tantos hacedores de discípulos semejantes a Cristo como he hecho en los pasados cinco años, ¿estaré contento con los resultados?

Jesús dijo: "Mi Padre es glorificado cuando ustedes dan mucho fruto y muestran así que son mis discípulos" (Juan 15:8).

También dijo: "No me escogieron ustedes a mí, sino que yo los escogí a ustedes y los comisioné para que vayan y den fruto, un fruto que perdure. Así el Padre les dará todo lo que le pidan en mi nombre" (Juan 15:16).

Esta es la voluntad del Padre. Esto es como glorificamos a Dios. Jesús nos ha llamado a ir y hacer discípulos obedientes semejantes a Cristo, que a su vez hacen más discípulos obedientes semejantes a Cristo.

Quiero obedecer a Jesús. Quiero traer gran gloria a mi Dios. Quiero ser un discípulo de Jesús a su semejanza y quiero hacer discípulos de Jesús, semejantes a Cristo que se multiplican.

Sé que no podré hacer esto a menos que sea más y más como Jesús en santidad, pureza, amor, perdón, obediencia, fe y metodología.

Robert Murray McCheyne tenía razón cuando dijo:"La necesidad más grande de mi congregación es mi santidad personal". Los discípulos que Jesús me ha dado para discipular tienen muchas necesidades. Creo que la necesidad más grande que ellos tienen de mí es mi propia santidad personal, mi semejanza a Cristo. Esta es la razón por la cual debo pasar mucho tiempo con Jesús para que Él me discipule a ser más y más como Él.

Esta es la voluntad de mi Padre, y ahora es mi voluntad también.

SER ANTES DE HACER
—JOHN DENNEY

En la Conferencia M-7 en Kansas City en febrero de 2007, uno de los expositores principales captó la atención de la audiencia con estas palabras impactantes: "No vayan y hagan discípulos. Lo diré otra vez. Por favor, no vayan y hagan discípulos". Tras una pausa dramática, agregó: "Hasta que hayan sido llenos del Espíritu Santo". Continuó explicando que tenemos suficientes cristianos carnales reproduciéndose a sí mismos.

Nos estamos reproduciendo. No podemos dejar de hacerlo. Engendramos seguidores que siguen a Jesús como nosotros seguimos a Jesús. Aprender de Jesús y seguirlo en una relación de obediencia es la única manera que nosotros podemos hacer discípulos semejantes a Cristo.

Le pedí a John Denney que nos compartiera su experiencia de llegar a ser un discípulo semejante a Cristo. John describe su experiencia:

Crecí en un hogar cristiano y en la iglesia antes que se difundiera el actual interés en las estrategias y sistemas de discipulado. Nadie me discipuló. Sin embargo, soy el producto de las oraciones, influencia, esfuerzos, enseñanza, y de docenas, si no centenares, de contactos directos de individuos santos quienes han contribuido en moldear mi vida.

Mis padres, una pareja de pastores de una misión, me criaron enfocados intencionalmente en Cristo. Mi recuerdo de confiar en Cristo como mi Salvador personal fue a la edad de cinco años cuando respondí al mensaje sencillo del evangelio por parte de mi padre en una misión de rescate en Bakersfield, California. Esa noche yo era el único buscando salvación en el altar. Nunca olvidaré el sentido del amor de Dios y del perdón que llenaron mi corazón, o la realidad de mi experiencia con Cristo, incluso a esa temprana edad.

Al crecer en iglesias pequeñas, respondí a las oportunidades de participar en evangelismo y actividades de ministerio proporcionadas por la iglesia. Me involucré en la Sociedad de Jóvenes Nazarenos (ahora JNI), planeando y dirigiendo actividades y estudios semanales. Dios usó una experiencia de un campamento de jóvenes para llevarme a un nivel más profundo de compromiso y disponibilidad. Fue justo unas pocas semanas después que Dios me llamó a servirle en el ministerio pastoral. Después de muchos meses de lucha con lo que significaría una obediencia verdadera a ese llamado, Dios utilizó las oraciones intercesoras y la voz apacible de un abuelo sabio, Rev. J. E. Penn, para llevarme a una rendición total. Al reflexionar sobre esos años tempranos de desarrollo espiritual, los momentos de crisis de un progreso espiritual dramático se esparcieron por períodos de tiempo en los que Dios obraba a través de muchas personas, incluyendo a profesores de colegio y seminario, moldeándome a la semejanza de Jesucristo y capacitándome para un ministerio efectivo. De esta manera, el Espíritu Santo me trae convicción, me convierte, cultiva y conforma a la imagen de Cristo. En última instancia, sólo el Espíritu Santo puede producir un discípulo a la semejanza de Cristo.

Siendo un discipulador de discípulos semejantes a Cristo

Desde el momento que respondí con un espíritu de obediencia para comenzar a prepararme para una vida de ministerio, tuve la convicción de que Dios deseaba usarme para alcanzar a las personas con el evangelio de Jesucristo. El evangelismo, tanto la predicación como el compartir el evangelio uno a uno, era una fuerza motriz en mi vida. Como estudiante universitario, me había familiarizado con el folleto "Las cuatro leyes espirituales" de la Cruzada Estudiantil para Cristo. Y, como estudiante en el Seminario Teológico Nazareno, aprendí el método de "Evangelismo Explosivo" de James Kennedy en la clase de Evangelismo del profesor Chic Shaver. Sin embargo, el profesor Chic Shaver enseñó más que simplemente cómo presentar el evangelio y dirigir a las personas a una relación personal de salvación con Jesucristo. Él hizo énfasis en el trabajo necesario y más difícil de discipular al nuevo creyente. Llegué a estar convencido que nunca es suficiente con tan sólo dirigir a alguien a confiar en Cristo como Salvador.

El Profesor Shaver también introdujo a sus estudiantes al libro de Robert Coleman, *El plan maestro de la evangelización*. Dios ha usado significativamente este pequeño libro para renovar la visión de cumplir la Gran Comisión utilizando el mismo método de Jesús. Jesús pasó tiempo con un grupo selecto de individuos con el fin de desarrollarlos para reproducir discípulos, quienes, a su vez, hicieron lo mismo, y así sucesivamente. Si seguimos el método de Jesús, es perfectamente posible llegar a todo el mundo con el mensaje de Cristo en una generación.

Con este trasfondo espiritual y educativo, comencé a pastorear en 1974. El sueño de ver las vidas de las personas transformadas por la gracia de Cristo me cautivó. Podía ver a hombres y mujeres nutridos por una congregación amorosa y enseñando la Palabra de Dios. Podía ver a nuevos creyentes que maduran a la imagen completa de Jesucristo. Habría decisiones transformadoras. Ellos descubrirían sus dones espirituales para el ministerio y aprenderían cómo utilizar esos dones en servicio a otros.

La visión que Dios me dio para mi primera congregación de 30 personas fue crecer en números (crecimiento externo) y crecer en vitalidad espiritual, madurez y frutos (crecimiento interno). Para ver esta visión cumplida, pensé y trabajé constantemente en estos dos niveles. Simultáneamente empecé a desarrollar maneras en que nuestra pequeña congregación pudiera penetrar en la comunidad para cultivar relaciones y desarrollar líderes. Mi tarea principal fue mostrarles a las personas que supieran quiénes éramos y lo que estábamos haciendo. Como congregación, necesitábamos desarrollar una presencia conocida en la ciudad en la que ministrábamos. Regularmente ofrecimos actividades que atraerían a los que no asistían a la iglesia y a los necesitados. Nos aseguramos de que la experiencia de adoración el domingo por la mañana fuera pertinente y bendecida por el Espíritu Santo. Queríamos que las personas sintieran la presencia de Dios cuando asistieran a nuestra pequeña iglesia.

Junto con el énfasis de crecimiento externo, comencé a buscar personas a quienes podría desarrollar como líderes. Me reuní con ellos semanalmente para enseñarles y para orar con ellos. Les di tareas de ministerio como laicos; la mayoría dirigían grupos pequeños compuestos de unidades familiares en un área geográfica. Había grupos de nuevos cristianos que estudiaban los Estudios bíblicos básicos para nuevos creyentes de Chic Shaver. Capacité a los líderes de los grupos pequeños a dirigir sus estudios bíblicos usando los métodos inductivos del sistema de Los Navegantes (Lead Out, Liderar Hacia Afuera). De esta manera nuestra pequeña congregación vio un crecimiento importante en nuestra comunidad de mil personas. Disfruté dos pastorados más, una iglesia de tamaño mediano y una iglesia más grande. Descubrí que, sin importar el tamaño de la iglesia, el énfasis en evangelismo y discipulado tuvo como resultado una iglesia saludable y creciente.

Aún más importante que el crecimiento numérico es el asunto crítico de la calidad del fruto que producimos. Hace varios años, atravesé por lo que llamaría una sequía, un tiempo de lucha. No veía el nivel de los frutos que anhelaba y que había experimentado en el pasado. Un tema frecuente de conversación en nuestra sesión del equipo pastoral trataba con la falta de madurez espiritual, laicos calificados quienes pudieran ayudar a dirigir los muchos ministerios de la iglesia. Aparentemente la necesidad era tan obvia que en una ocasion un laico bien intencionado me dijo: "Pastor, parece que nosotros hacemos una buena labor trayendo nuevas personas a Cristo y a la iglesia, pero parece que muchas de nuestras nuevas personas realmente no están siendo discipuladas. Muchos dejan de venir a la iglesia después de unos pocos meses".

Durante un tiempo de oración matutina, mientras agonizaba ante el Señor sobre mi falta de frutos, el Espíritu Santo me habló. El mensaje llegó a mi mente y a mi corazón por la unión de dos versículos de Juan 15: "Mi Padre es glorificado cuando ustedes dan mucho fruto y muestran así que son mis discípulos. No me escogieron ustedes a mí, sino que yo los escogí a ustedes y los comisioné para que vayan y den fruto, un fruto que perdure" (v. 8, 16). Dios estaba en el proceso de levantarme hasta un nivel más grande de dar frutos. De allí en adelante empecé poniendo aún más énfasis en el discipulado de los creyentes.

Durante un tiempo sabático, asistí a una Conferencia de Una Iglesia con Propósito en la Iglesia de Saddleback. Salí de la conferencia con una idea clara de la clase de sistema que necesitaba desarrollar. Pusimos en marcha un plan de grupos pequeños y clases durante 18 meses por los cuales podríamos dirigir a un nuevo creyente paso a paso a través de tres niveles de desarrollo de discipulado:

Nivel 1: Nuevos Cristianos, utilizando Estudios bíblicos básicos (16 semanas).

Nivel 2: Catecismo para Adultos, utilizando Manual para nuevos cristianos (un año).

Nivel 3: Preparación para el Ministerio, utilizando *Experiencia con Dios, Como conocer y hacer la voluntad de Dios,* por Henry Blackaby.

Mientras el nuevo creyente asistía a estas clases semanales, él o ella también estaban involucrados en completar los tres cursos de un seminario de cuatro horas mensuales, generalmente los domingos por la tarde. Los tres seminarios se basan en el formato de Una Iglesia con Propósito de Rick Warren, para ayudar a los nuevos creyentes a hacer compromisos críticos de membresía, madurez y ministerio-misión en camino a llegar a ser un ministro o líder equipado espiritualmente para la misión de la iglesia de Cristo. Como resultado, experimentamos un incremento de jóvenes creyentes quienes crecían rápidamente en su fe, sus relaciones con Cristo, sus vidas en el Espíritu y sus frutos en el Cuerpo de Cristo.

Un modelo reproducible para hacer discípulos semejantes a Cristo

Recientemente visité al pastor Adalberto Herrera y la Iglesia del Nazareno Casa de Oración en Cali, Colombia. la implementación del sistema G-12 en esta iglesia, más apropiadamente llamado El Plan del Maestro. El pastor Castellanos de Bogotá lo desarrolló en su iglesia a principios de 1970, luego de una conferencia de una semana con Robert Coleman sobre el tema evangelismo y discipulado.

Este sistema es también muy semejante al sistema interconectado de grupos conocidos como clases y bandas que Juan Wesley desarrolló. Wesley diseñó la clase, un grupo abierto en el Plan del Maestro, para ministrar a nuevos creyentes y a nuevas personas. Él diseñó la banda, un grupo cerrado en El Plan del Maestro, para discipular a creyentes en la santidad y para servir y dirigir. El resultado fue el avivamiento metodista en Inglaterra en el siglo XVIII, sostenido durante más de 50 años, que influyó poderosamente en la América colonial.

Hoy, hay muchas iglesias que utilizan el Plan del Maestro para evangelizar y discipular a centenares y miles de personas. El pastor Castellanos ahora tiene cientos de miles de personas en su iglesia en Bogotá. La iglesia del pastor Adalberto en Cali aplicó el Plan del Maestro en el año 2000 cuando su iglesia había crecido aproximadamente a mil personas. Recientemente, expandieron su templo de adoración para ubicar a unas 800 personas adicionales. El primer domingo en el templo remodelado la asistencia subió de 8,000 a 11,000 en cinco cultos. Los domingos, las personas realmente evangelizan y discipulan a más personas que lo que el edificio puede contener.

Ahora, como superintendente de distrito, recibo mi más grande satisfacción en ayudar a pastores a captar la visión para el ministerio la cual está enfocada en hacer discípulos que guiarán el camino para evangelizar y discipular a nuestras comunidades en un ciclo interminable. Hemos llevado tres grupos de pastores a la iglesia en Cali para observar y aprender acerca del Plan del Maestro. En el distrito, ya hay 14 iglesias en las etapas iniciales para implementar el plan.

Tenemos dos parejas misioneras de la Iglesia del Nazareno de Cali que, siguiendo este plan, plantan iglesias en nuestro distrito. Dios está bendiciendo El Plan del Maestro porque enfoca su energía y los recursos del pastor y las personas en alcanzar a los perdidos y desarrollarlos en discípulos semejantes a Cristo. En resumen, este es el mejor enfoque que la iglesia ha visto en los tiempos modernos para cumplir la Gran Comisión. Jesús nos dio el mismo enfoque a nosotros en el principio. Vayamos y hagamos discípulos a la semejanza de Cristo.

MÁS ALLÁ DEL IGLECRECIMIENTO
—WOODIE J. STEVENS

La pasión por Cristo y la misión de John Denney y Craig Rench son evidente en sus vidas. Cada día viven en dependencia al Señor. Han descubierto que su misión de vida va mucho más allá de ser solo otro programa en la iglesia. Reconocen que todo comienza con una relación con Jesús y el poder capacitador de su Espíritu Santo. Vivir cerca de Jesús nos cambia y nos permite ser como Él, como dice 1 Juan 4:17: "En esto se ha perfeccionado el amor en nosotros, para que tengamos confianza en el día del juicio; pues como él es, así somos nosotros (énfasis añadido) en este mundo". Es el fundamento de quiénes y de lo que somos.

Durante años, he buscado programas para cumplir la misión. Pensaba, *si sólo puedo desarrollar un buen programa de alcance evangelístico, cuidado diario, un programa después de la escuela o un proyecto de servicio comunitario, la iglesia crecería. Podríamos alcanzar a más familias, más niños, jóvenes y adultos. Recaudaré más dinero. Los números subirán. Habrá más miembros. ¡La iglesia crecerá!*

En una ocasión, la llamé "mi iglesia". No es mi iglesia. Jesús la reclama como suya. Él dijo: "Edificaré mi iglesia" (Mateo 16:18). Mi trabajo no es edificar su iglesia. Todos estos años, he estado tratando de edificar su iglesia, y eso no es lo que Él me dice que haga. Debemos hacer discípulos y entonces Él edificará su iglesia.

¿Será posible que nuestra misión esté más allá del crecimiento de la iglesia?

Piense en todos los programas que hemos implementado para edificar la iglesia. Los programas en sí mismos no son malos; no hay nada malo con nuestros programas. De hecho, los programas pueden ser herramientas muy exitosas para alcanzar y hacer discípulos. ¿Pero qué tal si nuestros programas han llegado a ser más importantes que las personas? ¿Qué si la desventaja de un buen programa es su capacidad de distraernos de nuestra misión? ¿Piensa que algunas iglesias se enfocan tanto en los programas que fallan en cumplir la misión? ¿Debemos igualar programa con misión? ¿Hacer discípulos a la semejanza de Cristo, no nos mueve más allá de un programa para el crecimiento de la iglesia?

A veces parece que cada persona en el mundo tiene un nuevo programa para que nosotros lo probemos. "Venga a este seminario". "Aplique este método". ¡"Trate este nuevo enfoque—garantizado para hacer crecer a su iglesia, y sólo cuesta $1,000.00 dólares!"

Nos inscribimos. Asistimos al seminario, compramos los libros y escuchamos las grabaciones. Procuramos aplicar el programa, pero de algún modo no fluye con la facilidad que los súper pastores dicen que fluirá. Los programas del crecimiento de la iglesia van y vienen, pero la misión permanece igual: "Hagan discípulos".

¿Está el Espíritu Santo invitando a la iglesia a moverse más allá de programas a relaciones de discipulado? Si el Espíritu nos da un llamado fresco hoy, hay enormes implicaciones en la invitación. Significa que nosotros ya no podemos estar contentos con simplemente escuchar una maravillosa clase de Escuela Dominical o un sermón. El llamado implica que debemos compartir la buena palabra con alguien más. ¿Con qué frecuencia hemos recibido, a través de maestros maravillosos, una comprensión profunda de la Palabra de Dios? Pero tendemos a salir de la clase sintiéndonos bien alimentados y satisfechos sin siquiera considerar nuestra responsabilidad de pasar la verdad a otro.

¿Realmente piensa que Dios provee esos buenos sermones y lecciones sólo para bendecirlo a usted y su vida personal? ¿Nos estará llamando el Señor a movernos más allá de saciarnos en un banquete nosotros mismos a intencionalmente ayudar a un amigo a crecer espiritualmente también?

Si después de estar sentados en la iglesia y en la escuela dominical durante años, no estamos a propósito ayudando a otra persona a seguir a Jesús, ¿es posible que hayamos llegado a estar cómodos y satisfechos? ¿Qué si no estamos mirando los campos blancos de cosecha ni pidiéndole obreros al Señor de la mies (Mateo 9:37-38)? ¿Es posible que Dios ha preparado a una persona en el perímetro de su vida quien desesperadamente necesita las buenas nuevas de cómo Dios lo ha ayudado a usted? En vez de pedirle al pastor que visite a esa persona, quizá Dios quiere que usted ore, ame y comparta con esa persona. Nosotros no necesitamos ser teólogos brillantes para decirles a otros lo que hemos experimentado como seguidores de Jesús. Las personas oyen abiertamente y aceptan nuestros testimonios de las buenas noticias cuando tocamos sus vidas. Usted puede ayudar a sus amigos a conocer y a seguir a Jesús mientras simplemente comparte su historia con ellos.

El Espíritu Santo de Dios le capacitará para decirle a otros lo que ellos necesitan oír mientras usted, obedientemente, camina por las puertas de oportunidad abiertas ante usted. Puede elevar una oración en este momento. Pídale al Señor que traiga a usted la persona que Él quiere que escuche la historia de la gracia que Dios le ha traído a usted.

CINCO COMPONENTES MEDULARES PARA HACER DISCÍPULOS SEMEJANTES A CRISTO

—HAL PERKINS

El pastor Hal Perkins ha invertido la mayor parte de su vida adulta buscando vivir en obediencia a la Gran Comisión. El discipulado no es un programa que nos entusiasma y luego lo dejamos para quedarnos sin frutos duraderos. El fruto de más de 30 años en ministerio prueba que él es un seguidor de Jesús que ayuda a otros a seguir a Jesús. Si usted quiere saber cómo discipular a otra persona, hable con Hal. Le pedí que compartiera su historia de discipulado con nosotros. Su larga vida de ser y hacer discípulos nos provee un recurso sólido. Hal nos ayuda a entender cuán ampliamente se aplica la misión a la iglesia y a lo que hacemos. Él enseña que hay cinco elementos claves del discipulado. Muchos piensan en uno o dos elementos. Pero el autor comenta que estos cinco componentes mayores del discipulado son esenciales a la estrategia de Jesús para el evangelismo mundial. El discipulado cristiano, entendido bíblicamente, debe incluir estos cinco componentes. Sus reflexiones sobre estos componentes medulares del discipulado le inspirarán y le animarán en su búsqueda de ser y hacer discípulos.

El primer componente medular: Sea discipulado por la Palabra, Espíritu y pueblo de Jesús.

A la edad de 23 años, ya era maestro de matemáticas en la secundaria y director técnico de un equipo deportivo. En un culto de domingo en la noche, experimenté dramáticamente al Espíritu Santo pidiéndome que dejara el magisterio y la dirección del equipo y me preparara para ser pastor. Con genuino temor y temblor, estuve de acuerdo. Mientras me preparaba en el seminario, hice una pregunta significativa: *Jesús, si tú estuvieras pastoreando una iglesia hoy, ¿qué harías?* Al estudiar cuidadosamente los evangelios, descubrí que en medio de todo lo que Jesús hizo, y a la luz de su misión masiva de que nadie se pierda sino que todos vengan al arrepentimiento, Jesús primero le prestó atención a *ser discipulado por su Padre* y luego a *hacer discípulos a aquellos* que su Padre le había guiado a seleccionar. Concluí que si iba a seguir el ejemplo de Jesús, primero debía ser *discipulado por Jesús consistentemente*, lo que me daría el poder para hacer a otros discípulos Él.

Me preguntaba si alguien hoy pudiera realmente ser discipulado por Jesús. Y si es posible, ¿cómo? Pedro, Santiago y Juan estuvieron con Jesús para observarlo y escucharlo (Marcos 3:14). Entonces, lo capté: Tengo su Palabra, la Biblia, por lo tanto, puedo estar con Él, observándolo con mi mente y realmente escuchando sus palabras. Él me puede enseñar de la misma manera que le enseñó a Pedro, Santiago y a Juan. Me di cuenta que tenía su Espíritu para estar conmigo y discipularme, para enseñarme, aconsejarme y corregirme como dice en los capítulos 14 al 16 de Juan, que Jesús mismo dijo que era mejor que estar con él físicamente (Juan 16:7). También me di cuenta que podría encontrarme con Jesús porque Él vive a través de su Cuerpo colectivo, la iglesia. Necesitaba discernir cuidadosamente cuándo los cristianos no eran semejantes a Cristo (1 Tesalonicenses 5:21). Pero para llegar a ser lo que Jesús deseaba para mí, claramente necesitaba mentoría seria de mi iglesia. Por medio del Cuerpo contemporáneo de Jesús, realmente puedo *estar con Él y experimentarlo*. Busqué héroes y mentores que me ayudan a conocer y seguir a Jesús.

Recuerdo el día que vi cómo Jesús escogió la cruz con gran agonía. Desde ese día en adelante, deseé honrarle apasionadamente como Él merecía. Quería lo más posible de una relación con Jesús, por cuanto me había llamado, incluso me daba la bienvenida para venir a Él. Quise tomar su yugo y aprender de Él (Mateo 11:28-29). Determiné que la primera prioridad de mi vida era pasar tiempo con Jesús. Esta reunión con Jesús enriqueció mi corazón, honrándole a Él que vino a ministrar, no a ser ministrado. Vi y sentí pasión por su misión. Entonces, me comprometí a ministrar junto a Jesús mucho antes que se convirtiera en mi profesión. Al contemplar la bondad de Jesús, estuve más que dispuesto a negarme a mí mismo, tomar mi cruz y seguirle (Mateo 16:24). Deseé profundamente caminar como Jesús caminó, lo que me lleva a la madurez con Jesús (1 Juan 2:3-6). Esto requiere crecimiento en ser sensible a su Espíritu Santo, siempre presente en cada situación. Busqué apasionados seguidores de Jesús que me discipularan para conocerlo y seguirlo a Él. Esto continúa en mi vida hasta el día de hoy.

¿Necesitan todos los cristianos ser discipulados de manera continua? ¿Por qué? ¿Cómo? ¿Cuánto?

¿Quién fue la persona más discipulada de todos los tiempos? En mi opinión, fue Jesús. Él no llegó a conclusión alguna, no dijo nada, y no hizo nada, aparte de la influencia del Padre (Juan 5:19; 8:28). Estas declaraciones de Jesús requirieron una gran cantidad de tiempo para reunirse con su Padre para ser discipulado por Él (Lucas 4:4; 5:16; 6:12). Los cristianos siguen a Jesús. Jesús apartó tiempo para ser discipulado por su Padre, pues fue su prioridad. ¿No deben hacer lo mismo todos los auténticos seguidores de Jesús?

¿Quién o qué lo ha discipulado a usted? ¿Sus padres? ¿La televisión? ¿La cultura? ¿Quién lo está discipulando ahora? Alguien o algo le ha discipulado. Podemos escoger ser discipulados por la Palabra de Dios, el Espíritu de Dios y por el pueblo de Dios. El hombre más discipulado de la historia nos llama a seguirle, que incluye ser discipulado intensamente. Cuando somos discipulados bien, maduramos a la semejanza de Cristo. Cuando somos semejantes a Cristo, revelamos a Cristo a otros, especialmente a aquellos que estamos discipulando. Nuestra semejanza a Cristo determina en gran medida, lo útil que podemos ser a Jesús y a otros, y la calidad de nuestra recompensa eterna (Mateo 6:20; 25:21; Efesios 6:7-8).

¿Buscaría en oración a una persona o un grupo con quienes pueda reunirse consistentemente para ser discipulados por la Palabra de Jesús y su Espíritu, y ayudarse uno al otro a reunirse con Jesús? Planifiquen en oración ministrar con Jesús y rendirse cuentas uno a otro sobre su ministerio. Juntos oren y rindan cuentas sobre pensamientos, creencias, motivos y obediencia semejantes a Cristo, ayudándose unos al otros a madurar con Jesús. En resumen, ayúdense unos a otros a conocer y a seguir a Jesús. Comprométase a ser discipulado por Jesús durante toda su vida. Por cuanto influenciamos a otros, para bien o para mal, debe ser urgente ser discipulado por Jesús a la semejanza de Cristo.

El segundo componente medular: Discipule personas pérdidas hasta que se arrepientan y crean en Jesús.

Shawn proveyó para su familia y se financió una carrera de ingeniería en una universidad prestigiosa vendiendo drogas. Su esposa, Kristen, comenzó a asistir a cultos en la casa de Carlos y María, donde se estaba plantando una nueva iglesia. Al inicio, Shawn se burlaba, pero luego quedó asombrado al ver cómo

Jesús transformaba la vida de Kristen. Él decidió asistir al bautismo de ella. Al observar la vida de Kristen y escuchar las historias de conversión de otros que también fueron bautizados, Shawn se arrepintió y pidió ser bautizado.

Pregunta: ¿Por qué Shawn cambió radicalmente su vida para seguir a Jesús? Respuesta: Kristen y otros cumplieron con la primera etapa en hacer discípulos, bautizando a Shawn, no con agua, sino en carácter, acciones y palabras semejantes a Cristo. Sus acciones y palabras santas a la semejanza de Cristo atrajeron a Shawn a Cristo, al arrepentimiento y al bautismo en agua.

Jesús manda a sus seguidores a ir y hacer discípulos, bautizándolos primero, no en agua, pero en su nombre (Mateo 28:19), en su carácter y actividad. Esto es precisamente lo que Kristen hizo por Shawn. Kristen fue discipulada por la Palabra, el Espíritu y el cuerpo de Cristo. Por cuanto estaba creciendo para ser como Cristo, ella sensiblemente vertió en Shawn acciones y palabras amorosas a la semejanza de Cristo. Para que las personas perdidas contemplen ser discípulos de Jesús, la iglesia debe ser discipulada en ser semejante a Cristo, en santidad. La Palabra y el Espíritu nunca fallan; cuando la Iglesia no está discipulada a la semejanza de Cristo, limita su influencia para atraer personas a Jesús. Bien discipulada, la iglesia de Cristo, llega a ser la misma imagen de Jesús. Así, dondequiera que vayamos, representamos a Cristo, influenciando a nuestras familias, iglesias y al mundo para ser y crecer como discípulos de Jesús.

Por tanto, vayan y hagan discípulos de todas las naciones, bautizándolos en el nombre del Padre y del Hijo y del Espíritu Santo *(Mateo 28:19).*

Busquen la paz con todos, y la santidad, sin la cual nadie verá al Señor *(Hebreos 12:14).*

¿Puede enfocar la oración estratégicamente en unos pocos amigos perdidos? ¿Puede escuchar, animar y ayudar mientras se conecta con unos pocos? ¿Puede dar razón de su esperanza?

¿Puede compartir las buenas nuevas de Jesús hasta que estos amigos se arrepientan y sean discípulos nuevos?

El tercer componente medular: Discipule a los creyentes para que conozcan, confíen y sigan a Jesús, y obedezcan todo lo que Él enseñó.

Ya que Shawn había determinado conocer y seguir a Jesús, necesitaba que alguien lo discipulara formalmente. Inmediatamente, lo invitamos a asistir los martes en la noche a una iglesia en una casa. Allí él, junto con nosotros, nos reunimos para ser discipulados por Jesús. Semana tras semana hablamos de Jesús. Ya que todo lo bueno proviene de Jesús, reportábamos cosas buenas con las cuales Jesús nos ayudaba esa semana. Orábamos a Jesús, dándole las gracias y adorándole. Confesamos nuestras luchas (Santiago 5:16; 1 Juan 1:9). Semana tras semana escuchamos a Jesús por medio de su Palabra, su Espíritu y nos escuchamos uno a otros. Hablamos de lo que creíamos que Jesús deseaba hacer en y por medio de nosotros, resultando en oración y en el compromiso de obedecerle. Regresábamos cada semana informando lo que habíamos experimentado al caminar con Jesús. Cultivamos relaciones centradas en Jesús y en ser sus discípulos.

Por medio de esta reunión de grupo con Jesús, Shawn era discipulado (informado, formado y transformado) por Jesús. Era discipulado por el cuerpo de Cristo mientas nos observaba y escuchaba procesar nuestros éxitos y luchas siguiendo a Jesús. Era discipulado por las palabras de Jesús al convertir las Escrituras en un diálogo con Jesús. Mientras Shawn participaba en la alabanza, en el estudio bíblico y en buscar la voluntad de Dios, el Espíritu Santo le estaba discipulando de manera poderosa. Al observar a los seguidores de Cristo, quienes rendían cuentas de sus vidas, Shawn aprendía a ser un hacedor de la palabra de

Dios y no tan solo un oidor. También era discipulado para reunirse con Jesús en privado al observar constantemente al grupo reuniéndose con Jesús. Shawn, al conversar con Jesús sobre otros, creció en ministrar a su familia y amigos, y así "bautizarlos" informalmente en el nombre de Jesús. Maduraba rápidamente a la semejanza de Cristo a través de este proceso. Además, Shawn estaba siendo capacitado para discipular formalmente a su familia y amigos, invitándolos a reunirse juntos con Jesús.

Y estableció a doce, para que estuviesen con él, y para enviarlos a predicar *(Marcos 3:14)*.

Por tanto, id, y haced discípulos a todas las naciones, bautizándolos en el nombre del Padre, y del Hijo, y del Espíritu Santo; enseñándoles que guarden todas las cosas que os he mandado; y he aquí yo estoy con vosotros todos los días, hasta el fin del mundo *(Mateo 28:19-20)*.

Para ser discípulo de Jesús, reúnase con Él. Para ayudar a otros a ser sus discípulos, ayúdenles a reunirse con Jesús. Invite a otros a reuniones regulares con Jesús, especialmente aquellos que en oración está sirviendo. Ayude a los que vienen a hacer lo que usted hace: Reunirse con Jesús, ministrar con Jesús y madurar con Jesús a la semejanza de Cristo.

Mientras estaba discipulando a Shawn, ocurrió un evento dramático en nuestras vidas: Mi esposa Debbie dio a luz trillizos. El Espíritu Santo me dio la convicción de que nuestra familia debería ser nuestro primer y primordial grupo de discípulos. En el transcurso de los años, llegué a otra conclusión dramática: Las mejores oportunidades de la iglesia para hacer discípulos, por muchas razones, son las relaciones familiares. Hasta que la iglesia discipule a los padres para que efectiva y proactivamente discipulen a sus hijos, el plan supremo de Dios nos eludirá y continuaremos perdiendo terreno en la batalla de las almas de los individuos y de una cultura.

El cuarto componente medular: Discipule a seguidores de Cristo maduros para hacer discípulos.

Shawn no tenía ideas preconcebidas sobre lo que sería ser cristiano. Por medio de las Escrituras, los buenos ejemplos y la lógica, Shawn se comprometió a lo que los discípulos de Jesús hacían: Reunirse con Jesús regularmente (a solas o en grupos) y ministrar con Jesús contantemente en la familia, iglesia y comunidad. Shawn al informar honestamente de sus éxitos y luchas, maduró rápidamente a la semejanza de Cristo.

Dentro de unas semanas, motivé a Shawn a invitar a sus amigos a reunirse con él y conmigo (y con Jesús) en su casa, y así plantaríamos otra iglesia casera. Le mencioné que iba a dirigir la reunión por un tiempo, modelando cómo hacer discípulos en el ambiente de un grupo pequeño. Poco a poco le iba a dar más espacio para que él dirigiera la reunión, dándole instrucciones según se necesitara. Si estaba dispuesto lo discipularía en cómo hacer discípulos en una iglesia casera mientras me observaba. Shawn estaba dispuesto.

Por cuanto Shawn respondió a plantar una iglesia en su casa para hacer discípulos, me comprometí a reunirme personalmente con él para prepararle a discipular a otros. Hacer discípulos semejantes a Cristo en un grupo requiere destrezas más allá de facilitar un proceso de dar información. Por lo tanto, cada semana antes de la reunión en su casa, Shawn y yo nos reuníamos por una hora. Lo ayudaba a descubrir respuestas para sus preguntas y luchas. Le hacía preguntas inquisitivamente sobre los materiales bíblicos que acordamos estudiaría (usé el material de *Multiplicación del Liderazgo*, un currículo interactivo). Al preparar a Shawn para hacer discípulos, el examen no consistía en lo que yo sabía y podría hacer; el examen estaba más bien enfocado en lo que Shawn conocía y haría. Trabajamos en cómo ayudar a otros a entender, comprometerse y actuar. En poco tiempo,

Shawn estaba discipulando efectivamente a nuevos convertidos que él había invitado a su casa a reunirse juntos con Jesús. Las mismas cosas que yo le ayudé a entender y poner en práctica, ahora él le está ayudando enérgicamente a sus discípulos a conocer y a hacer (2 Timoteo 2:2). Él obedeció profundamente la Gran Comisión de Jesús de hacer discípulos.

Les ayudamos a los que estamos discipulando a hacer por otros lo que hemos hecho y seguiremos haciendo por ellos. Les desafiamos a invitar a su familia y amigos a juntarse y reunirse juntos con Jesús, para aprender a ministrar y madurar con Jesús. De esta manera, nuestras reuniones semanales para los discípulos se convierten en reuniones para discipuladores cuando la discusión se mueve a ayudar a otros que están discipulando a conocer y a seguir a Jesús.

El quinto componente medular: Discipule a los hacedores de discípulos para que produzcan hacedores de discípulos.

Shawn asumió que el cristianismo normalmente incluía ser discipulado y hacer discípulos. Cuando fue transferido a otra ciudad, encontró una congregación nazarena. Al darse cuenta que ellos no tenían un proceso para hacer discípulos y discipuladores, fue al pastor, un estudiante del seminario en el programa de Maestría en Divinidades. Shawn le preguntó si él podía iniciar un proceso de hacer discípulos, plantar iglesias en las casas y de multiplicación de líderes. El pastor le preguntó a Shawn cómo iba a hacer esto. Shawn le preguntó al pastor si él, el pastor, había sido discipulado. El pastor titubeó. Shawn, que conocía muy poco del protocolo eclesiástico, rápidamente ofreció que su primer paso sería discipular al pastor. Comenzarían por ahí. El pastor estuvo de acuerdo con este proceso. Aparte de lo chistoso de esta situación, este evento ilustra la clave esencial en el evangelismo mundial: No sólo discipulé a

Shawn, sino a propósito tuve que discipular a Shawn a hacer discípulos y discipuladores.

Mientras escribo, dirijo cuatro grupos *cerrados* semanalmente que son sólo para discipuladores. Los ayudo con sus preguntas, le comento sobre asuntos con los cuales podrían necesitar ayuda y les entreno en la teología bíblica del discipulado y en destrezas para hacer discípulos. Sólo aquellos que reúnen a sus familias o amigos para ser discipulados formalmente son invitados a estas reuniones para discipuladores.

Así que, dirijo dos clases de reuniones para discipular, unas *abiertas* y otras *cerradas*. Invito a todos los que quieran reunirse conmigo (y con Jesús) a los grupos abiertos. En los grupos abiertos trabajamos en ser discípulos de Jesús. Desafío a los que asisten a los grupos abiertos a orar por sus familias y amigos y a servirles. Luego, los desafío a que inviten a cualquiera que ellos estén sirviendo a reunirse de la misma manera que en su reunión abierta conmigo. Aquellos como Shawn, que inician su propio grupo, son invitados a un grupo cerrado sólo para discipuladores. En los grupos cerrados trabajamos sobre cómo desarrollar discipuladores.

Mi intensión es discipular discipuladores el tiempo necesario para que ellos no sólo hagan discípulos sino que con éxito hagan discipuladores. Este proceso espiritual de ser padres, abuelos y bisabuelos, es el mandato de Jesús para traer su vida y el evangelio que transforma para la eternidad a cada grupo de personas en el planeta. Si discípulo a 10 que a su vez discipulan a 10 que a su vez discipulan a 10, seré instrumental en plantar 1,000 iglesias en casas que ministran a 10,000 personas. El proceso se multiplicará, se experimentará como el cristianismo normal que es.

Por lo tanto, la gran tarea es asegurar que nuestros discípulos tengan éxito en discipular a sus discípulos en hacer discípulos de sus familias y amigos. Al hacer esto, hemos madurado para ser padres espirituales: Nuestros discípulos son nuestros hijos espirituales. Hemos ayudado a nuestros hijos espirituales para que ellos tengan hijos espirituales que a su vez, tengan hijos espirituales: Cuando nuestros discípulos discipulan a otros nos hacen abuelos espirituales. Esto ayudará a normalizar la multiplicación del liderazgo que rápidamente alcanzará a los que se pueden ganar del mundo.

Ser discipulados por Jesús y hacer discípulos semejantes a Cristo y discipuladores puede ser tan sencillo como comprometerse a algo similar como los cinco procesos relacionales antes mencionados. Esto requiere una gran fe, amor, paciencia y relaciones a largo plazo.

He invertido gran parte de mi vida en hacer discípulos porque Jesús fue discipulado e hizo discípulos, porque Jesús nos mandó a hacer discípulos y discipuladores y porque hacer discípulos funciona.

Por décadas, una pasión por Jesús y sus propósitos me han inspirado a ser discipulado por Jesús y a hacer discipuladores semejantes a Cristo. Creo que su propósito para mí es unirme con Él en transformar el destino eterno de miles de personas. Por cuanto Jesús nos empodera en sus propósitos, ¡creo, puedo, debo y lo haré! ¿Estará dispuesto a orar para unirse con Jesús en ser y hacer discipuladores semejantes a Cristo?

EN TODAS LAS NACIONES

—ERICA RÍOS

Le pedí a Erica Ríos, médica misionera, que nos contara su historia de ser y hacer discípulos a la semejanza de Cristo en las naciones. Erica escribe:

Estoy en la tercera década de mi vida. He visto a Dios intervenir en lo común de mi vida, captar mi amor e infundirme con pasión para su misión y para las muchas personas que mueren cada segundo anhelando la paz, el amor y la aceptación. Asimismo, estoy en deuda con Dios y con mi iglesia. Quiero compartir con otros lo que he recibido por gracia.

Tenía sólo 10 años cuando escuché a Dios hablándome. Mi mamá me había llevado a la Escuela Bíblica Vacacional en la Iglesia del Nazareno en el sur de México. Mi caminar con Jesús comenzó ese día. Comencé a estudiar diligentemente para llegar a ser una doctora en medicina, creyendo que podría ayudar a otros, especialmente a los pobres. Tuve luchas; pruebas y victorias, cada una enseñándome lecciones importantes y ayudándome a descubrir la voluntad de Dios.

¿Qué significa para mí seguir a Jesús? Significa mirar la vida con una actitud fresca, una perspectiva nueva a la semejanza de Cristo. Por ejemplo, reconozco que mi única autoridad procede de Dios. Por lo tanto, en humildad y contrición, le ofrezco todo a Él para su gloria. Reconozco que cualquier sacrificio que haga no se compara con el sacrificio que Jesús hizo por mí. Estoy aprendiendo que la única clase de liderazgo verdadero es el liderazgo de siervo. Atesoro mi relación con Jesús como mi más preciosa posesión. Quiero que Cristo hable por medio de mí, y por lo tanto, muero diariamente y vivo en una relación de compromiso con Jesús, nunca volviéndome atrás.

También aprendo de la Palabra. Isaías 43:10 dice: "Vosotros sois mis testigos", dice Jehová,... "para que me conozcáis y creáis, y entendáis que yo mismo soy"

Dios no nos pide construir megaiglesias o mantener centros sofisticados y de alta tecnología para la misión. Usted probablemente no ha sido llamado a enfrentar el dilema de escoger quién sobrevive o muere, como un misionero africano tendría que hacerlo. Sin embargo, como un médico en la sala de emergencias, debe atender los primeros signos vitales, entonces trabajar con los demás asuntos. Dios nos instruye a buscar primero su rostro, para pasar tiempo en oración. No debemos perdernos en las ocupaciones y complicaciones de nuestras vidas diarias. Debemos recordar que el corazón de Dios late por los perdidos de este mundo. Él se duele por los que lo rechazan. Él tiene un plan para cada persona y nos da la responsabilidad de comprender lo que Él espera de nosotros. Dios desea nuestra fidelidad y promete sus frutos.

En nuestra cultura de abundancia se nos es fácil ignorar nuestra tarea asignada. Algunos rápidamente abandonan la evangelización de este mundo a aquellos que tienen el don. Pero el llamado nos compele a hacer discípulos en dondequiera que vamos. La cosecha global ya está madura y mucho se ha estado perdiendo. Podemos impresionarnos con los grandes números de convertidos viniendo a Cristo diariamente, pero ignoramos la inmensa mayoría, quienes todavía no han sido tocados. Somos llamados a ser los testigos de Dios de Jesucristo en nuestro mundo. Mi experiencia con una señora en España es un ejemplo de lo que significa ser un testigo de Dios.

Mary Mar, a sus 30 años, estaba lista para cometer suicidio. Vivía con SIDA, como resultado de su adicción severa a la heroína. Fue, sin embargo, una de las afortunadas. Fue escogida para recibir tratamiento.

Con pasos dudosos, y con su rostro inclinado, entró a la oficina médica en la Clínica de Paciente Externo de VIH. Ese día Dios me enseñó algunas lecciones transcendentales. Mary casi no podía pronunciar palabra. Sus ojos hinchados mostraban su dolor y su gran pena. Después de auscultarla y tratar su infección severa de la piel en ambos brazos causada por su adicción a la droga, mi mentor estaba listo a enviarla a su casa.

"Próxima persona, por favor", el doctor le murmuró a la enfermera. Mary sollozando y gimiendo, clamó: "Pero, doctor, ¡necesito ayuda! No puedo dejar de drogarme.

"Bien", respondió el doctor. "Aquí está mi receta. Usted necesita ver al siquiatra".

Asombrada, observé la escena. Era obvio que esta pobre señora necesitaba ayuda en ese mismo momento. Desesperadamente oré en silencio: *"Señor, ella necesita ayuda. Yo no sé que decir. No puedo contradecir la orden de mi mentor. No puedo hablar con ella aquí. Este no es el lugar para aconsejar. Podría perder mi trabajo.*

Un fuego de compasión comenzó a quemar mi corazón. El dulce susurro del Espíritu Santo me tocó. Erica, para este único propósito te traje aquí. Eres testigo de mi amor y esperanza. Toma valor; simplemente dile a ella que yo todavía la amo.

Mi mente me decía que esto no era lo más sabio de hacer. Pero en obediencia a la dirección del Espíritu, dejé la oficina médica y caminé con ella por el pasillo.

"Mary, probablemente aquellos a quienes amas te han fallado. Tu familia y amigos, la ciencia moderna, la medicina, los doctores, todos nosotros te hemos fallado. Pero quiero que sepas, que Jesús nunca falla. Él todavía te ama y te acepta. Él no quiere que te des por vencida. Tu historia no ha terminado. Sé valiente, Mary. Dios está trabajando en ti.

Dos semanas más tarde, Mary Mar regresó a la oficina. Vino buscándome. Ella tenía un milagro que quería mostrarme. Enrollando las mangas de su camisa, me mostró sus brazos. Antes habían estado amoratados y marcados por la infección e inflamación. Ahora, completamente sana de su infección, sus brazos estaban sanos. Su condición de VIH estaba controlada. Pero más que eso, podría decirse que ella había descubierto un poder que estaba más allá de sus propias fuerzas.

"Imagínese qué, doctora". Una sonrisa tímida cruzó su rostro. Me di cuenta por primera vez que era una persona hermosa. "¡Lo logré!" Ella se río. "¡No me he drogado en dos semanas!" Entonces imploró seriamente: "Quiero realmente dejar este estilo de vida. ¿Me ayudarías?

Coloqué mis brazos alrededor de ella y aplaudí su éxito. Ella ahora sería referida al Centro Cristiano de Rehabilitación. Alabo a Dios porque Él me utilizó en la vida de esa señora para dirigirla a Él.

Tengo una misión. Esta experiencia me enseñó que ¡puedo dar esperanza! Cada seguidor de Jesús puede esparcir esperanza. Reconozco que no fueron mis palabras, persuasión, el lugar o un gran sermón que cambió su vida. Fueron palabras sencillas, pero genuinas que vinieron de Dios en el momento oportuno y en el lugar correcto por medio de mí.

Podemos marcar una diferencia. Podemos ser buenos testigos dondequiera que estamos y cualquier cosa que hagamos. El perfil de trabajo de un testigo es simple. Comienza con la comprensión de que no podemos dar a otros lo que no hemos recibido. El Espíritu Santo es el agente dinámico de Dios que nos capacita a nosotros para tocar otra vida. Vivir en el poder del Espíritu Santo nos lleva a ser testigos efectivos de Dios para primero examinarnos honestamente a nosotros mismos. Entonces, ellos continúan compartiendo con otros las buenas nuevas. Un testigo de Jesús tiene un deseo de ver el mundo transformado y no está satisfecho hasta que cada corazón llegue a un lugar de confianza en el Salvador del mundo.

Por último, Dios desea pulir nuestros corazones, motivos y actitudes para reflejar su carácter. Al vivir en el Espíritu, nuestras vidas brindan la fragancia de testificar en actos, actitudes y expresiones.

Me parece que tenemos los mecanismos para sacudir al mundo y transformarlo para Jesús. ¿Entonces, qué nos falta?

Tenemos grandes edificios, mucha membresía, el lujo de grandes equipos competentes, equipos de Trabajo y Testimonio comprometidos, infinidad de voluntarios y mucho más. Pero, ¿estamos dedicados a conocer, creer y entender los propósitos de Dios en nuestras vidas que nos inspiran a tocar a esos millones de personas cercanas y lejos de nosotros? ¿Les llevamos esperanza a ellos? ¿Estamos dispuestos a cambiar nuestras agendas por la de Dios? ¿Estamos dispuestos a perturbar nuestro círculo cómodo y entregarnos en un servicio misionero, dejando nuestras zonas de comodidad para trabajar en la suciedad de las vidas de las personas? ¿Estamos dispuestos a meter nuestras manos y almas en los problemas de nuestras propias comunidades?

Debemos abrir las puertas para aquellos que sienten un llamado especial a las misiones y el evangelismo transcultural. Un pastor de jóvenes expresó este desafío: ¿Cómo avivo el fuego del evangelismo en los adolescentes que son llamados a ir, si no creamos oportunidades o canales para ellos?

El viaje del discipulado es a menudo largo, difícil y solitario. El éxito en nuestra misión no puede ser alcanzado de cualquier otra manera. Si fallamos en actuar en el tiempo de Dios y sus prioridades, podemos perder la gran oportunidad de impactar a este mundo desesperadamente necesitado de Cristo. ¡Imagine lo que

Dios hará si tenemos a las personas, más su visión, más el método divino, más los recursos, más la explosión del Espíritu Santo! ¿Llegaremos a ver un gran avivamiento en nuestras comunidades, países y en todo el planeta?

¡Ayúdanos, Señor, a compartir tu testimonio, extender nuestras alas y soñar tus sueños!

TRES CORRIENTES DEL DISCIPULADO

—WOODIE J. STEVENS

Son tres las corrientes de pensamiento sobre el discipulado. La primera es el *discipulado clásico*, es decir, el currículo, un programa disciplinado de estudio bíblico. Por ejemplo, *las ocho lecciones básicas para nuevos creyentes* de Chic Shaver: *"Bases de la vida cristiana"*, que es un currículo de discipulado muy útil y clásico. Dinamismo discipular de Don Wellman, es un estudio de seis meses sobre crecimiento espiritual que incluye el uso de materiales curriculares clásicos. Algunos han desarrollado un estudio de 13 semanas o de un año sobre los conceptos básicos del cristianismo. Es "discipulado clásico".

El problema con el discipulado clásico, que de hecho, es esencial y no debe ser ignorado, es que una vez se toma la clase, hay una tendencia a pensar que sólo eso es discipulado. Se podría pensar que la madurez espiritual se adquiere tomando clases. Para muchos, el discipulado es tomar clases sobre discipulado. "Ahora que ya terminé este curso, ¿cuál sigue?"

Las ideas poderosas y las verdades bíblicas del cristianismo terminan enseñándose repetidamente a las mismas personas. El problema de muchos es que tan pronto como terminan el curso, dejan de crecer espiritualmente. Siempre estamos en búsqueda de otro curso. Queremos más currículos. El escritor a los Hebreos lo expresó de esta manera: "Con el tiempo que llevan de haber creído en la buena noticia, ya deberían ser maestros. Sin embargo, todavía necesitan que se les expliquen las enseñanzas más sencillas acerca de Dios..." (5:12 TLA). Y continúa el escritor: "Por eso, sigamos aprendiendo más y más, hasta que lleguemos a ser cristianos maduros" (6:1 TLA). Seguir hacia la madurez nos lleva a la segunda corriente de pensamiento sobre discipulado, la formación espiritual cristiana.

La formación espiritual es una expresión actual para referirse a la búsqueda de la madurez cristiana. Siempre me siento un poco nervioso cuando hablamos de formación espiritual porque a menudo fracasamos en identificar cuál espíritu se está formando. Es posible ser formado en el espíritu de Mahoma o de Confucio. Imagínese ser formado a la imagen de Buda. No es un cuadro muy bonito. Más bien debemos ser formados a la imagen de Cristo. La semejanza a Cristo se desarrolla mediante las disciplinas espirituales, que van más allá del currículo clásico. La formación espiritual cristiana se logra mediante disciplinas a la semejanza de Cristo, que incluyen:

Lectura de las Escrituras	Silencio
Meditación	Momento de quietud a solas
Memorización de las Escrituras	Diario devocional personal
Oración	Sumisión
Adoración	Templanza (en el sentido
Evangelismo	de moderación frente a la
Servicio	avaricia y la mezquindad).
Mayordomía	Testimonio
Ayuno	

Dios usa estas disciplinas para moldearnos día tras día a la semejanza de Cristo: "Y nosotros no tenemos ningún velo que nos cubra la cara. Somos como un espejo que refleja la grandeza del Señor, quien cambia nuestra vida. Gracias a la acción de su Espíritu en nosotros, cada vez nos parecemos más a él" (2 Corintios 3:17-18 TLA).

Sin duda, hay muchas otras disciplinas espirituales. Algunas son muy personales, adecuadas para cada tipo de persona. La formación de la semejanza de Cristo específica en cada persona requiere disciplina. El escritor a los Hebreos comenta: "Desde luego que ningún castigo nos gusta en el momento de recibirlo, pues nos duele. Pero si aprendemos la lección que Dios nos quiere dar, viviremos en paz y haremos el bien" (12:11 TLA).

La formación espiritual cristiana mediante las disciplinas es otra corriente esencial de discipulado. ¿Ha considerado desarrollar la práctica de las disciplinas espirituales en compañía de alguien más? El Espíritu del Señor está obrando en usted. ¿O alguien más intencionalmente le está ayudando a desarrollar las disciplinas espirituales a la semejanza de Cristo? ¿O hay alguien a quien usted le pueda ayudar a desarrollar las disciplinas espirituales a la semejanza de Cristo.

La tercer corriente de pensamiento sobre discipulado es lo que llamo discipulado en comunidad. Este componente vital trata sobre cómo los discípulos deciden funcionar en grupos pequeños y relaciones. La aceptación, la integridad en las relaciones y la confianza deben darse siempre en conexión con otros discípulos, el cuerpo de Cristo.

Lo anterior significa que no hay tal cosa como un cristiano independiente. Sería una gran contradicción. No puede ser cristiano por usted mismo. Algunos dicen: "Bien, no asisto a la iglesia; adoro y sirvo a Dios aquí solito". Claro que se puede adorar a Dios en la belleza de la naturaleza, pero el cristianismo se expresa mediante el cuerpo de Cristo. No podemos adorar ni servir a Dios adecuadamente por nosotros mismos. Nos necesitamos unos a otros.

Alguien comentó: "Los estadounidenses son ricos en bienes materiales, pero muy pobres en relaciones. El resto del mundo será pobre en bienes materiales, pero son ricos en relaciones personales".

¿Cuán rico es usted en la calidad de sus relaciones? No me refiero a conocer a centenares de personas, sino a uno, dos o tres. ¿Ha buscado en oración la mente de Cristo, pidiéndole: *"Señor, ¿a quién quieres que intencionalmente le ayude a seguirte?"* ¿Anhela su corazón esa clase de amistad cercana? Si es usted casado, podría comenzar con su cónyuge. Mi esposa Cheryl y yo practicamos lo que llamamos "una vida con otra vida de crecimiento". Queríamos ayudarnos mutuamente a crecer y desarrollarnos como seguidores de Cristo y como personas. Nos discipulamos mutuamente. Juntos procuramos alcanzar los valores esenciales de nuestras vidas. Comenzamos revisando el alcance de nuestra existencia. Examinamos nuestra vida espiritual y elaboramos un plan para crecer. Evaluamos nuestra vida social, educativa, intelectual, física y recreativa. Elaboramos un plan para nuestro crecimiento como pareja y como personas. Elaboramos e implementamos un plan para recibir a otros intencionalmente en nuestro hogar. Discutimos el porqué de invitar a otros a nuestra casa y los resultados deseados de nuestra hospitalidad. Preparamos preguntas por adelantado para nuestra conversación con los demás a fin de ayudar a nuestros amigos a vivir más cerca del Señor.

En todo el mundo, el Espíritu Santo está fusionando estas tres corrientes de pensamiento en una gran variedad de prácticas de discipulado saludables que tienen el potencial de revitalizar la iglesia local en los próximos 20 años.

Los métodos son muchos

Los métodos son muchos, los principios pocos; los métodos cambian, pero los principios nunca cambian.

Se pueden encontrar una gran cantidad de modelos. Por ejemplo, Randy Frazee escribió un libro llamado *The Connecting*

Church (La iglesia que conecta). En él sugiere que en la adoración hay *inspiración*. Los creyentes se benefician de momentos de inspiración al reunirse juntos para la adoración. Cada discípulo necesita la edificación e inspiración mediante el canto congregacional, la oración, las ofrendas y la proclamación de la Palabra de Dios.

La adoración es sólo una parte de la misión. Algunas iglesias tratan de hacer todo lo relacionado con ser y hacer discípulos en un servicio de adoración. ¿Ha tratado alguna vez de planificar un culto de adoración enfocado en evangelizar, inspirar, enseñar y discipular, todo en un mismo servicio? Es una tarea muy difícil. Por eso, Frazee dice que la instrucción es esencial. Ya se trate de una clase de Escuela Dominical, o un grupo pequeño, o una clase bíblica de compañerismo, o algún tipo de clase formal de discipulado, a los creyentes todavía se les necesita enseñar los preceptos de las Escrituras.

Frazee insiste en que debemos ayudarnos mutuamente a movernos del conocimiento a la obediencia. La participación en un grupo pequeño en un mundo de necesidades reales nos ayuda a incorporar la inspiración y la instrucción en un cuerpo saludable. Después de estudiar la historia de la alimentación de los 5,000, ¿no sería una buena idea que la clase dedicara una tarde a ayudar en algún hogar para indigentes y compartir alimentos con ellos?

¿Ha asistido fielmente a una clase de Escuela Dominical por más de 25 años? Piense en la maravillosa instrucción que ha recibido. ¿Qué está haciendo con todo esa enseñanza?

Después de una increíble lección de Escuela Dominical, ¿conversa usted de ella alrededor de la mesa el domingo por la tarde? ¿La comparte con los demás intencionalmente? ¿Qué pasaría si cada maestro de escuela dominical dijera: "La meta de esta lección no es sólo enseñarla bien, sino también que usted intencionalmente comparta con un amigo lo que usted aprende? ¿Cree usted que un maestro sería tan audaz de decir también: "Su tarea es enseñarle a su amigo o amiga y hacerlo responsable de que a su vez enseñe a alguien más?

¿Qué si hemos enseñado muy bien la lección de escuela dominical, pero no hemos hecho responsables a los alumnos de lo que hacen con esa lección?

Nuestra orientación egoísta se resiste a desarrollar el modelo de trasmitir a alguien más lo que tenemos. Pero el plan de Jesús es alcanzar al mundo.

El Espíritu de Dios le está recordando a la iglesia por todo el mundo que debemos hacer discípulos. Somos un movimiento de discípulos que nos esforzamos por cumplir la Gran Comisión. El Espíritu está recordando a los seguidores de Jesús que esta misión va más allá de recibir bendiciones y alimento espiritual, es que intencionalmente enseñemos a alguien más las buenas noticias que hemos recibido.

El Plan Maestro de la Evangelización

Hay otro modelo llamado El Plan Maestro de la Evangelización. Robert Coleman, escribió este libro en 1963. Desde entonces, se ha reimpreso 37 veces. Coleman enseñó en el Seminario Asbury, de Kentucky, y en la Escuela de Divinidad Trinity Evangelical de Chicago. En su libro dice que Jesús seleccionó a sus discípulos, pasó un buen tiempo con ellos, y los consagró. Jesús les impartió todo lo que sabía. Todo lo que el Padre le había dado Él lo dio a sus discípulos. Les enseñó cómo discipular. Entonces los supervisó, los hizo responsables por lo que estaban haciendo. Les enseñó cómo enseñar a otros. Los pasos de Jesús de selección, asociación, consagración, comunicación, demostración, delegación, supervisión y reproducción con sus discípulos pueden ser realizados con aquellos a quienes queremos discipular.

En 1949, Dowson Trotman, escribió el libro titulado: *Nacido para multiplicarse*. En otras palabras, nacimos de nuevo para reproducirnos. ¿Cómo sabemos si hemos alcanzado madurez espiritual? Los discípulos maduros espiritualmente llevan fruto. Ese fruto es más que sólo el fruto del Espíritu, amor, gozo, paz, paciencia, benignidad, bondad, fe, mansedumbre y templanza (Gálatas 5:22). Es más que el fruto del Espíritu internamente. Los discípulos espiritualmente maduros dan fruto espiritual en las vidas de otros a quienes están intencionalmente moldeando como seguidores de Cristo.

Si nuestra única preocupación es la salvación, ¿acaso no es eso egoísmo? ¿Acaso la enseñanza de la entera santificación no trata directamente con nuestra orientación egoísta? Jesús nos invita a seguirlo a Él a la cruz, para crucificar nuestras propias agendas y nuestro egoísmo, de modo que podamos amar a los demás verdaderamente más de lo que nos amamos a nosotros mismos. Los discípulos auténticos llegan a un punto en sus vidas espirituales donde están dispuestos a dar su vida por sus amigos, tal como lo hizo Jesús.

En el año 1912, A. B. Bruce escribió *The Training of the Twelve (El Entrenamiento de los Doce)*. Él describe el método de Jesús como vengan y vean; vengan y síganme; vengan y estén conmigo; permanezcan en mí.

Quizá ya esté familiarizado con el modelo de Rick Warren: *Diamond of Discipleship (El Diamante del discipulado)—101, 201, 301 y 401*. Su modelo inicia con los discípulos rumbo a primera base para luego llevarlos a la segunda y tercera base, y cuando finalmente han llegado al plato de anotación, ya han sido discipulados, se han reproducido y han ayudado a otros a reproducirse. Es un modelo de discipulado que se asimila fácilmente y reproduce.

DISCÍPULOS DISCIPULANDO DISCÍPULOS
—WOODIE J. STEVENS

En marzo visité la Iglesia del Nazareno Casa de Oración, en Cali, Colombia. Ha habido alguna discusión sobre si es o no la iglesia nazarena más grande o la segunda en tamaño. Pero al presente registran un promedio de asistencia de 11,000 el domingo por la mañana.

Ese domingo en la mañana, celebraron cinco cultos y 100 bautismos. La Iglesia del Nazareno Casa de Oración en Cali, Colombia, estaba completamente llena en cada culto, con personas de pie ocupando todos los espacios. Imagínese a mil personas sentadas en sillas de plástico, apretujadas en un auditorio pequeño. Llegué a Cali un martes por la noche a tiempo para una semana de entrenamiento. Mi experiencia incluyó sesiones de oración apasionada, proclamación bíblica, adoración participativa, evangelismo relacional y asimilación de los grupos celulares. La iglesia, intencionalmente, discipula a cada convertido y lo desarrolla como líder para enviarlo, estratégicamente, a multiplicarse. Regresé reflexionando en cinco principios básicos a seguir para el crecimiento de una iglesia.

El primero es el de buscar a Dios por medio de la oración y el ayuno. La camioneta de la iglesia nos recogió en el aeropuerto el martes tarde en la noche. Llegamos a nuestros cuartos cerca de las 11:30 p. m. y nos dijeron que nos recogerían al día siguiente a las 6:00 a. m. para el culto de oración y ayuno de las 7:00 horas. Alguien preguntó: "¿A qué hora desayunamos?" Jaime, el conductor, dijo: "Bueno, siempre hay tiempo para nutrir el cuerpo, pero esta mañana vamos a nutrir el alma".

Estuvimos en oración y ayuno desde las 7:00 hasta las 9:00 a. m. Después de un breve receso, asistimos al culto a las 9:30 hasta el mediodía. Hubo otro culto de oración y ayuno de las 7:00 a 9:00 p. m. Oramos todo el día.

En Colombia practican la oración apasionada. Era mucho más que simplemente escuchar a otros orar mientras que la propia mente divaga. Todos buscaban al Señor fervientemente. Negándose a ellos mismos, apasionadamente intercedían en oración por nosotros y los demás. ¿Será posible que estemos tan cómodos de modo que el negarnos a nosotros mismos y la oración no sean esenciales en nuestro modo de pensar ni en nuestra vida como lo fueron en la de Jesús?

Además de la oración y el ayuno, ellos practican el principio de depender en la autoridad de la Palabra de Dios. Esta iglesia que se expande rápidamente y está experimentando crecimiento explosivo, no pasan tiempo discutiendo si los primeros 12 capítulos de Génesis son originales o no. Ellos permiten que la Palabra de Dios hable con autoridad. Los nazarenos de Cali sostienen un punto de vista muy alto sobre las Sagradas Escrituras. Ellos confían en la Palabra para orientación y dirección. Permiten que la Palabra les hable. No juzgan la Palabra. Permiten que la Palabra les juzgue a ellos. La dinámica de la iglesia de Cali comienza en oración y se mueve a la dependencia sobre la Palabra de Dios.

El tercer principio es la dependencia en la unción del Espíritu Santo. Ellos no intentan hacer nada sin la unción del Espíritu de Dios. Una pasión por Dios arde en su oración, cantos, predicación y discipulado.

¿Cómo describiría usted el fuego del Espíritu de Dios ardiendo en su iglesia? ¿Cree usted que algunos han apagado el fuego del Espíritu? ¿Qué haríamos si nuestros corazones ardieran con una pasión por cumplir la Gran Comisión? Quizá no queremos que nuestros corazones estén encendidos con el fuego del Espíritu. ¿Será posible seguir a Jesús sin corazones ardientes?

Cuando experimentamos el fuego del Espíritu Santo, nuestra pasión nos impulsa a testificar. La raíz de la palabra pasión se deriva de nuestra palabra para sufrimiento. El drama de la pasión es literalmente el drama del sufrimiento. Pero si en nuestra cultura no deseamos sufrir por la causa de nadie, mucho menos por la causa del Reino. ¿Qué tal si nos hemos acomodado con la forma de ser de las cosas al punto de que hemos dejado afuera al Espíritu de Dios?

Es posible que necesitamos orar como iglesia: "Oh, Señor, perdónanos por todas las veces en que hemos apagado tu Espíritu". ¿Qué tal si hemos tomado un gran balde de agua fría y hemos apagado el fuego porque quizá ellos cantan una canción que no nos gusta? El Espíritu del Señor nos capacita para tener un enfoque centrado en ser como Cristo y luego hacer discípulos a su semejanza.

El cuarto principio incluye el factor de rendición de cuentas. Cada recién convertido es asignado a un grupo pequeño. El grupo inmediatamente cultiva relaciones con el nuevo creyente para enseñarle y hacerle responsable por su vida espiritual.

La Iglesia del Nazareno Casa de Oración en Cali, es liderada por Adalberto y Nineye Herrera. Durante 12 años, el pastor y la pastora Herrera tuvieron 31 asistentes en la Escuela Dominical y el culto de adoración. Cada año en la asamblea de distrito informaban "31". El pastor comenta que se cansó de informar el número 31. Ganaba algunos y perdía otros tantos y parecía que siempre informaba: "Tengo 31 este año".

Finalmente, el pastor comenzó a orar fervientemente, buscando el rostro de Dios. En un período de tres meses de oración y ayuno intensos, el Señor le dijo: ¿Por qué no diriges la iglesia como te enseñé?

—*Bueno, Señor, creía que lo estaba haciendo.*

—*¿Por qué no haces discípulos?*

—*Bueno, Señor, creía que eso era lo que estaba haciendo.*

—*¿Por qué no lo haces de la manera como yo lo hice?*

—*Bien, Señor, ¿cómo lo hiciste?*

—*Le pedí al Padre que me diera 12 hombres que fueran fieles que continuaran haciendo lo mismo.*

El pastor Adalberto comenzó a orar por 12 hombres. Encontró a 2, 3, 5, 6, 8 y finalmente a 12. A través de los años algunos han salido como misioneros y ahora le quedan 8, y está orando por el 9. Está confiado que el Señor le volverá a dar los 12. La pastora tiene a 12 mujeres a las que discipula, quienes oran, ayunan y comparten su vida juntas, sólo 12. Cuando usted va a Cali, Colombia, los va a escuchar hablar sobre los 12. Algunos solo tienen 3 y algunos tienen 5. Otros tienen 8 y otros 12 en sus grupos de responsabilidad. También les oye hablar de los 12 de los 12, los 144. "Este es uno de mis 144".

El pastor dice: "Oro por todos ellos. Paso la mayor parte de mi tiempo con mis 12 compartiendo nuestra vida juntos, discipulándolos para que discipulen a otros". También hablan de los discípulos de los 144, que suman 1,728.

El quinto principio es multiplicación relacional. Este es el desarrollo intencional de líderes que desarrollan a líderes. La iglesia de Cali no sólo tienen grupos cerrados de discipulado, pero también tiene grupos abiertos de extensión y evangelismo.

Imagínese a seis hombres sencillos hermanos, en Cristo, que se aman mutuamente y se divierten jugando y orando juntos. Disfrutan la vida juntos, pero principalmente son seguidores de Jesús. Juntos han orado apasionadamente: "Señor, ayúdanos a ganar a nuestros vecinos para ti". Los seis comienzan a cultivar amistades con sus vecinos. Uno de ellos parece responder mejor. Los seis comienzan a enfocar su oración específicamente por Mario. Lo invitan a partidos de fútbol con ellos. Los seis le hablan de Jesús, de cómo Cristo ha cambiado sus vidas. Los seis están orando para que Mario encuentre a Cristo. Lo invitan a formar parte de sus vidas. Usted puede adivinar el resultado: Mario viene a la fe en Cristo.

Ahora siete hombres se regocijan y comparten juntos sus vidas. ¿Adivine lo que hacen los siete? Están orando por el número ocho. Ya sabe usted lo que sucede. El vecino número ocho acepta a Cristo y pasa a formar parte de su comunión. Ocho hombres comparten juntos su vida e intensamente oran por la salvación del número nueve. Cuando el grupo alcanza al número 12, se dividen y el ciclo comienza de nuevo. Seis hombres oran por el número siete. ¿Qué tal si tiene tres hombres que oran por el número cuatro? ¿Qué tal si usted y alguien más oran por el número tres? El evangelismo relacional nos lleva a la multiplicación de discípulos. Esa es la manera de Jesús para alcanzar al mundo.

DISCIPULADO PARA TODA LA VIDA
—D. MICHAEL HENDERSON

Le pedí a Michael Henderson que compartiera con nosotros la historia de la discipuladora nazarena, Areva Barnes. Me intrigó Ángel, una señorita dinámica con un peregrinaje espiritual excepcional. El autor nos comparte cómo el conocer a Ángel lo llevó a conocer a Areva Barnes, una discípula auténtica que hace discipuladores.

Ángel y Dan son líderes en el ministerio de adultos jóvenes en mi iglesia, y ellos son efectivos entrenando discípulos serios. La especialidad de Ángel es enseñar a mujeres jóvenes a orar y a seguir a Jesús. Así que le pregunté a Ángel cómo llegó a ser cristiana y dónde recibió su entrenamiento. A continuación su historia:

Fui salva en una pequeña Iglesia del Nazareno, aquí mismo en Longwood. Cuando estaba en la secundaria, mi vecina, la Sra. Areva Barnes, me invitó a la iglesia. La llamó Abuela Barnes, ahora ella tiene 86 años de edad. Ella y su esposo, Barney, recorrían el vecindario los sábados e invitaban a niños a la Escuela Dominical. Si los padres daban su autorización, ella y Barney nos venían a buscar en un bus y nos llevaban a la iglesia. Cuando en el bus ya no entraron todos los niños que iban a la iglesia, ellos consiguieron otro.

Barney reunía los niños de un lado de la carretera 427; Areva los buscaba en el otro lado de la misma carretera. Él no entendía porque ella lograba que más niños vinieran en su bus que en el suyo. Su secreto era que ella salía los sábados con un recipiente grande con mantequilla de maní y algunos panes y hablaba con los niños en el parque o en el área de juegos. Barney también invitaba a los niños, pero él no sabía lo de la mantequilla de maní, y ella no le decía nada.

Tan pronto como estuve firme espiritualmente, Abuela Barnes me involucró en el ministerio. Primero, sólo invitaba niños a la Escuela Bíblica, luego comencé a ayudar con las clases y eventualmente enseñé una clase de Escuela Dominical. Así fue como recibí mi entrenamiento para hacer discípulos, sólo hice lo que Abuela Barnes hacía.

Siempre estoy buscando personas que son efectivas haciendo discípulos, así que decidí que necesitaba conocer a esta señora. Un domingo, mi esposa y yo fuimos a la iglesia. La primera persona que me saludó fue Lee, un hombre joven entusiasta que me dio una cálida bienvenida y me hizo algunas preguntas para llegar a conocerme. Le dije: "Lee es obvio que tienes una historia que compartir. Quisiera escucharla".

"Bueno", dijo Lee: "Hay una mujer que se llama la Sra. Barnes, la Sra. Areva Barnes. Yo necesité ayuda. Estaba en una mala condición. No tenía trabajo, estaba viviendo en mi carro y realmente estaba arruinado. Ella me recibió y me proveyó un lugar para vivir en un edificio detrás de su casa. Ella me habló del Señor y me ayudó a ponerme sobre mis pies nuevamente. Ahora tengo un trabajo y estoy ordenando mi vida, gracias al Señor y a la Sra. Barnes".

Angel, Dan y yo invitamos a la Sra. Barnes a almorzar un sábado para escuchar su historia y aprender cómo ella ha influenciado a tantas personas a lo largo de los años. Ella no tuvo una vida fácil. Su esposo Barney sufrió de una enfermedad grave durante la mayor parte de su vida de casados: Primero la enfermedad de Parkinson y luego cáncer de hígado con 12 operaciones grandes y finalmente le dio Alzheimer. Por más de 30 años, la Sra. Barnes trabajó como enfermera y llegaba cansada cada día a la casa, tanto como las demás personas. Sin embargo, cada semana encontraba tiempo para invertir en las vidas espirituales de sus vecinos, ayudándoles a seguir a Jesús, un paso a la vez.

La iglesia en donde la Sra. Barnes sirvió se reunía originalmente en una tienda de arreglar cortadoras de césped en la ruta 17-92 en Longwood, Florida. Al crecer el grupo, compraron una propiedad y edificaron un lindo edificio. Los miembros de la congregación, incluyendo a los niños, cavaron a mano los cimentos. Ladrillo tras ladrillo, levantaron un centro que serviría como la base para ministrar a su comunidad.

A lo largo de los años, Areva y su esposo simplemente hicieron como Jesús les había instruido: *Vayan y hagan discípulos*. No tenían ningún entrenamiento teológico ni posición oficial. Ellos solamente les ayudaron a sus vecinos a seguir a Jesús. En eso es lo que consiste hacer discípulos, animar a nuestros amigos a tomar el próximo paso, y el próximo y el próximo. "A las personas sólo hay que amarlas", dice la Sra. Barnes. "Y si las ama compartirás con ellos sobre Jesús".

Un domingo, fui a la iglesia de Parkside en Longwood y me senté detrás de la Sra. Barnes. A un lado suyo estaba un hombre que parecía que estaba luchando con la adicción a las drogas; ella le está ayudando a recibir ayuda. En el otro lado estaba un hombre que estaba conmovido por el mensaje del pastor. Ella nos comentó más tarde que él se estaba recuperando de un divorcio y rompimiento familiar devastador. Ella explicó, "lo que estas personas necesitan es que alguien las ame y las dirija a Jesús". "Jesús dijo que necesitamos ir a dondequiera que ellas se encuentren, porque con toda seguridad ellas no van a venir a la iglesia, y se les necesita alimentar. Eso es lo que hago. Invito a las personas a la casa para una buena comida, y luego hablamos de Jesús. Sabes, ¡tienen que comer!"

Sí, Sra. Barnes, eso fue lo que Jesús también hizo. Él alimentó a las multitudes y comió con pecadores. Y de la multitud que alimentó y de entre los pecadores con quienes comió, llamó a unos pocos discípulos. Y envió a aquellos que le siguieron a anunciar las buenas nuevas que el reino de Dios había llegado.

La Sra. Barnes dijo: "Recuerdo una pequeña niña que me llevó a su casa para que le hablara a sus padres para que ella pudiera ir a la Escuela Dominical. La mamá estaba ebria y no podía mantener su cabeza en alto, y el papá se había desmayado en el sofá. Cuando pregunté si podía venir y buscar a su hija el domingo para ir a la iglesia, la madre respondió: "Lo que quiera". Bueno, esa pequeña niña llegó a ser una cristiana maravillosa".

Otro domingo, visité la iglesia de Parkside nuevamente. El ujier se disculpó diciendo: "Hoy es el programa de la Escuela Bíblica Vacacional. Lamento que no será un servicio normal". Veintidós niños de la comunidad asistieron a la Escuela Bíblica toda la semana, dirigidos por el nieto de la Sra. Barnes, Todd y su esposa. Voluntarios de la iglesia enseñaban a los niños manualidades y memorizaron versículos y canciones de la Biblia. Mientras ellos estaban de pie al frente de la iglesia, cantando alabanzas a Jesús o citando sus versículos, pude ver a Ángel, como una niña de primaria, cantando sus canciones de la Escuela Bíblica y tomando sus primeros pasos como una discípula. Pensé que debiera haberle dicho al ujier: "Nunca se disculpe por hacer lo que Jesús nos mandó que hiciéramos. Él quiere que vayamos al mundo y hagamos discípulos ¡aunque ahora se vean un poco harapientos!"

CONCLUSIÓN

Hacer discípulos a la semejanza de Cristo en las naciones se realiza más allá del domingo. Nuestra misión no es un programa, es un estilo de vida. Se trata de hacer discípulos, una conversación a la vez, al estilo de Cristo.

Jesús dice: "Ustedes demostrarán que si obedecen lo que les mando" (Juan 14:15).

También dice: "Él se sentirá orgulloso si ustedes dan mucho fruto y viven realmente como discípulos míos" (Juan 15:8).

Si al leer estas páginas, Dios le ha estado hablando sobre encontrar a otra persona que lo discipule a usted, y a su vez, usted discípule a otro, entonces le insto a hacer lo que el Señor ha puesto en su corazón.

¡Vaya! ¡Haga discípulos!

www.ingramcontent.com/pod-product-compliance
Lightning Source LLC
Chambersburg PA
CBHW031359040426
42444CB00005B/351